"A EI DI I LANDYBÏE?"

Alun M. Lloyd

CYHOEDDWYR
DINEFWR
PUBLISHERS

Hawlfraint ⓗ Alun Lloyd, 2014

Cyhoeddwyd gan
Cyhoeddwyr Dinefwr Cyf.
Heol Rawlings, Llandybïe
Sir Gaerfyrddin, SA18 3YD

Cedwir pob hawl. Ni ellir atgynhyrchu unrhyw ran o'r cyhoeddiad hwn na'i gadw mewn cyfundrefn adferadwy na'i drosglwyddo mewn unrhyw ddull na thrwy unrhyw gyfrwng, electronig, mecanyddol, ffoto-gopïo, recordio, nac fel arall, heb ganiatâd ymlaen llaw gan y cyhoeddwr.

ISBN 978-1-904323-31-0

Llun y Clawr Cefn:
Y gofeb o waith y cerflunydd Ieuan Rees a ddadorchuddiwyd yn ddiweddar gan yr Archdderwydd presennol, Christine, i ddathlu pen-blwydd deng mlynedd ar hugain Eisteddfod Genedlaethol Llandybïe, 1944.

Argraffwyd yng Nghymru gan
Wasg Dinefwr
Heol Rawlings, Llandybïe
Sir Gaerfyrddin, SA18 3YD

"A EI DI I LANDYBÏE?"

CYNNWYS

Cyflwyniad	7
Y Dechrau'n Deg	13
Geni'r "Genedlaethol"	21
'Steddfode Tybïe	25
Cyfnod yr Ail Ryfel Byd	33
"A Ei Di i Landybïe?"	39
Croeso	55
Y Cyngerdd Agoriadol	59
'Steddfod y Cyfryngau	71
Pigion Wythnos	75
Dydd Llun	79
Dydd Mawrth	85
Dydd Mercher	102
Dydd Iau	112
Dydd Gwener a'r Penwythnos Olaf	124
Tynnu'r Llenni	131
Atodiad 1 Y Daith i Landybïe	138
Atodiad 2 "Amser Awyr," Eisteddfod Genedlaethol Llandybïe	140
Atodiad 3 Rhestr o Enillwyr yr Ŵyl	143
Cydnabyddiaeth	150
Diolchiadau	152

CYFLWYNIAD

TAMEIDIOG IAWN YW'R HANES sydd ar gael a chadw am un o Eisteddfodau mwyaf unigryw y ganrif ddiwethaf, sef Eisteddfod Genedlaethol Llandybïe, 1944. Bron y gellid dweud wrth ymchwilio i'w hanes, bod yr ŵyl arbennig hon yn llwyddo i drawsnewid cyfres o hanesion diddorol i ffurf ar ffuglen gyffrous. Anodd iawn yw peidio ag ymgolli yn yr anawsterau a'r gorfoledd a gyffyrddodd â bywydau trigolion y pentref bach gorllewinol hwn tua diwedd y rhyfel yn 1944. Yn wir, roedd y strydoedd yn drwm o faneri lliwgar yn datgan croeso twymgalon y bobl i'r ifaciwî o Loegr, y beirdd o Gymru yn ogystal ag i'r tramorwyr o wledydd y Cynghreiriaid a ddaeth i'r fro. Mawr syndod felly bod cyn lleied o awduron wedi mynd ati i gofnodi ar glawr, yr hyn a ddigwyddodd yn Llandybïe ddeng mlynedd a thrigain yn ôl.

Mae'n wir bod Mary Thomas ar y cyd â'i brawd Arthur Morris a'i wraig yntau Melba Morris wedi cynhyrchu llyfryn dwyieithog, *Eisteddfod Genedlaethol Llandybïe, 1944 – Reflections of a Village National*, ond yn anad dim, llyfryn ydyw sy'n diwallu chwaeth ac yn cofnodi'r hyn oedd yn dal i fod ar gof y sawl oedd wedi goroesi hyd at yr amser y cafodd ei ysgrifennu.

Gellid dweud yr un peth am waith Bryn Thomas yn ogystal, wrth iddo fynd ati i ymdrin â *'Steddfode Tybïe* yn un o'i lyfrau yntau.

Gyfochr â hyn, gellir cyfeirio at gynnyrch ysgolheigion tebyg i'r Dr Gomer Morgan Roberts a'r Athro Hywel Teifi Edwards. Mae'r ddau hyn yn canolbwyntio fel haneswyr ar y digwyddiadau a'r rhwystredigaethau a ddaeth i gwrdd â'r sefydliad yn ystod y daith o'r cychwyn hyd nes cyrraedd Llandybïe.

Mae'r Prifardd Alan Llwyd, ar y llaw arall, yn cynnig sylwebaeth fanylach ar drefniant a safonau wrth ymdrin â'r prif gystadlaethau a'r gweithgareddau eraill o eisteddfod i eisteddfod.

Ymgais syml yw *A Ei Di i Landybïe?* felly, i gyflwyno braslun o hanes un o sefydliadau unigryw ein cenedl o'r dechrau'n deg nes iddi gyrraedd Llandybïe ar ddiwedd yr Ail Ryfel Byd. Ceir ymdrech i gyflwyno'r hanes yn hylaw a hygyrch i bawb.

Y sbardun ar gyfer cynhyrchu llyfr o'r math hwn fu sgyrsiau gyda thri o bobl a chanddynt gof da am Eisteddfod 1944, sef Mrs Nansi Davies, Mrs Nesta Price a Mr Eirfyl Davies. Diolchaf i'r tri am fy mwydo a'r hanes nes i mi ymgolli'n llwyr yn naws y cyfnod cyffrous hwnnw, a gorfod yn y diwedd ildio i'r demtasiwn o gofnodi'r hanes ar gyfer y genhedlaeth nesaf.

Addas felly, gyda'r Eisteddfod Genedlaethol yn dychwelyd i Sir Gâr yn 2014, yw dathlu pen-blwydd deng mlynedd a thrigain Gŵyl Llandybïe gyfochr â hynny. I nodi'r achlysur arbennig hwn dadorchuddiwyd cofeb ar fur Neuadd y Pentref sy'n hysbysu'r byd a'r betws i Brifwyl Cymru ymweld â'r fro yn 1944. Gweler llun y gofeb ar glawr cefn y llyfr.

Diolchaf yn ddiffuant i Dr Lowri Wyn Lloyd a fu'n gymorth mawr wrth adolygu'r cynnwys a bwrw golwg dros gywirdeb yr iaith. Diolch hefyd i'w gŵr, Dr Ioan Matthews, am ei sylwadau ar faterion hanesyddol a hefyd i Mr Gareth Jones, Llyfrgellydd Rhydaman, am ei barodrwydd bob amser i chwilio am y deunydd hwnnw nad oedd bob amser ar glawr.

Gwerthfawrogaf yn fawr hyder Rheolwr Gyfarwyddwr Gwasg Dinefwr, Mr Emyr Nicholas, yn ei benderfyniad i gyhoeddi'r llyfr, ac yn olaf diolch i Mr Eddie John am ei amynedd a'i gyfarwyddyd manwl wrth lunio a datblygu'r llyfr o'r cychwyn tan y diwedd.

"A EI DI I LANDYBÏE?"

Pentre Llandybïe 'nôl yng nghyfnod yr Eisteddfod.

"A EI DI I LANDYBÏE?"

Llun o'r eglwys yn y cyfnod dan sylw.

Cwar Cilyrychen.

"A EI DI I LANDYBÏE?"

Yr Ysgol Genedlaethol yng nghanol y pentre.

Yr Ysgol Uwchradd Fodern Newydd, lle y cynhaliwyd yr Arddangosfa.

Neuadd y Pentref gyda'r Maes Bowlio gerllaw.

Y DECHRAU'N DEG

CYN MENTRO AR OLRHAIN hanes yr eisteddfod y gellid ei hystyried fel un o eisteddfodau mwyaf diddorol y genedl, sef Eisteddfod Genedlaethol Llandybïe, 1944, da o beth fyddai bwrw ein golygon yn ôl i'r dechrau'n deg. Er bod yr eisteddfod yn hen sefydliad a'i gwreiddiau yn ddwfn yng Nghymru, braidd yn annelwig yw'r wybodaeth sydd gyda ni am ei hanes. Does neb yn gwybod gyda sicrwydd diamwys yr union ddyddiad y cynhaliwyd yr eisteddfod gyntaf oll. Eto i gyd, mae'r elfen o gystadlu wedi bod yn rhan annatod o gread dyn ers y dechreuad.

Yr Athro Hywel Teifi Edwards yw un o brif ffynonellau ein gwybodaeth am y sefydliad dros yr hanner canrif diwethaf, sef ysgolhaig y mae'r gyfrol hon yn ddyledus iawn i'w lafur. Yn ei dyb ef, mae yna reswm da i gredu bod yr eisteddfod wedi'i geni rhyw saith canrif a hanner cyn Crist! Serch hynny, fe ddywed hefyd, fod yn rhaid i ni gydnabod y gwahaniaeth sy'n bodoli rhwng coel a ffaith. Yn ddiau felly, mae'n rhaid bod yna elfen o goel a chwedloniaeth yn perthyn i'r hanes hwnnw am yr eisteddfod a noddwyd gan Maelgwn Gwynedd yng Nghonwy mor gynnar â'r flwyddyn 540.

Erbyn heddiw, byddai'r union hanesyn hwnnw'n cael ei gategoreiddio fel 'stori eisteddfodol' go iawn. Yn ôl yr hanes, addawodd y noddwr, allan o'i gariad tuag at y beirdd, wobrau teilwng i'r holl feirdd a chantorion a fwriadai gystadlu yn yr

Ŵyl. Yn anffodus, roedd yna amod bach, sef y byddai'n rhaid i'r beirdd yn gyntaf, nofio trwy'r afon gan gludo eu telynau gyda hwy. Does dim angen dweud y gwyddai'r hen gadno y byddai'n amhosib i'r un telynor daro tiwn o'r offeryn hyd yn oed petai'n llwyddo cyrraedd y lan yn holliach!

Ar y llaw arall, dywed ffynonellau hanesyddol a llawysgrifau canoloesol wrthym fod y prifardd neu'r pencerdd yn aelod o lys Hywel Dda, ac mai trwy gystadleuaeth yr enillai'r person hwnnw ei statws.

Gellid dweud, yn ddiamau, mai'r cyfeiriad cyntaf sydd gennym fel cenedl at gyfarfod tebyg i eisteddfod, yw'r hyn a nodwyd gan groniclwr Brut y Tywysogion wrth gyfeirio at 'lys' yr Arglwydd Rhys yng nghastell Aberteifi yn 1176. Heb fod yn annhebyg i Eisteddfodau Cenedlaethol ein hoes ni, fe gyhoeddwyd yr eisteddfod hon flwyddyn o flaen llaw trwy Gymru gyfan. Dwy gystadleuaeth yn unig oedd yn perthyn i'r Ŵyl, un i feirdd a'r llall i gerddorion, gyda chadair yn wobr i'r naill enillydd a'r llall. A beth sy'n newydd, dywedwch?

Aeth bron i dair canrif heibio, heb sôn am unrhyw eisteddfod o gwbl yn ein ffynonellau hanesyddol, ac yna tua 1450, fe gynhaliwyd eisteddfod yng nghastell Caerfyrddin o dan nawdd Gruffudd ap Nicolas. Mae yna bocedi o bobl heddiw yn yr unfed ganrif ar hugain sy'n cwyno bod yr Eisteddfod Genedlaethol gyfoes yn mynd yn rhy faith gyda mwy o gystadlu gyda'r hwyr a'r diwrnod ychwanegol ar y Sul. Ystyriwch bobl tref Caerfyrddin oddeutu 1450, gan fod sôn i'r achlysur hwn fynd yn ei flaen am bron i dri mis! Mae'n debyg i benderfyniad ar enillwyr gael ei wneud ymhen hir a hwyr, ac mai tri gŵr o sir y Fflint fu'r buddugwyr. Y bardd enwog, Dafydd ab Edmwnd, aeth â'r gadair am farddoni, ac yn ystod yr Ŵyl hon y gwnaeth ef drefn newydd ar y mesurau y disgwylid i'r beirdd ganu arnynt. Mae'n debyg hefyd mai prif nod yr eisteddfod gyntaf y gwyddom ni rywfaint amdani oedd diogelu statws y beirdd.

Yn y gogledd y clywir sôn am y ddwy eisteddfod nesaf, sef yng Nghaerwys yn 1523 ac eto yn 1568. Tybed ai cyd-ddigwyddiad yw'r ffaith y lleolir y ddwy yng nghartref tri phencampwr Caerfyrddin? Prin iawn yw'r wybodaeth sydd ar gael am eisteddfod 1523, ond gwyddom yn ôl y Dr Gwyn Thomas, fod hwn yn gyfnod pan roedd y bartneriaeth rhwng y beirdd a'r uchelwyr ar dir bregus. Gellid dweud bod oes aur y canu caeth yn dechrau pylu ac fe deimlai'r beirdd fod urddas eu swyddogaeth yn cael ei ddibrisio'n arw gan y rhigymwyr hynny oedd yn crwydro'r wlad o dan glogyn y beirdd 'cymeradwy'.

Un peth y gallwn nodi gyda sicrwydd, sef bod yr eisteddfodau hyn yn wahanol i eisteddfodau heddiw. Yn eisteddfod 1568, anrhydeddwyd y bardd gorau â chadair fechan, gyda thelyn arian i'r telynor gorau, crwth arian i'r crythor a thafod arian i'r datgeiniad. Yn bwysicach na dim arall yn ystod yr eisteddfod hon, yn ôl *Yr Eisteddfod a Bywyd Bro*, gan J. H. Lewis a Gomer M. Roberts, fe orchmynnodd y Frenhines Elisabeth i nifer o foneddigion Gogledd Cymru alw ger ei bron bawb a ddymunai gael eu hystyried yn feirdd a chantorion. Y bwriad oedd iddynt sefyll arholiad er mwyn derbyn trwydded i gynnal eu crefft, gan farnu'r sawl oedd yn gymwys a gwahardd y rhai nad oeddent yn fedrus rhag crwydro'r wlad.

Dywed ein prif ffynonellau ei bod hi'n debyg fod yr arfer o 'steddfoda wedi edwino yn y cyfnod rhwng 1600 a 1700.

Ond yna, gyda throad y ganrif, fe atgyfodwyd yr arfer trwy gynnal eisteddfod mewn tafarndai o bobman. Gelwid y cyfarfodydd cystadleuol hyn yn 'Eisteddfodau'r Almanac', gan mai'r cylchgronau rhad hyn oedd y cyfrwng fyddai'n eu hysbysebu ar draws y wlad. Deuai ychydig o feirdd at ei gilydd, ac mae lle i gredu trwy hysbysiad yr Almanac y byddai cynulleidfa yn bresennol hefyd i wylio'r cystadlu. Camp y beirdd fyddai cyfansoddi englyn neu gywydd byrfyfyr ar destun o ddewis y beirniad neu'r llywydd, a fyddai, maes o law, yn rhoi ei feirniadaeth ar y cynnyrch.

Gallwch ddychmygu'r tyndra wrth i'r beirdd eistedd o gwmpas bwrdd y dafarn yn aros eu tro i godi i adrodd eu cyfansoddiadau o flaen y beirniad, eu ffrindiau a'r gynulleidfa. Yna, aros i'r beirniad godi i gyhoeddi enw'r enillydd cyn ei osod i eistedd yn ei gadair, a galw ar y beirdd anfuddugol i yfed i'w iechyd. Wedyn roedd disgwyl i bob un ohonynt estyn llaw i'w poced a thaflu chwe cheiniog i jwg y buddugol. Nid cadair na thlws oedd ei wobr ond llond bol o gwrw ar draul ei gyd-gystadleuwyr. Digon yw dweud mai niweidiol i'r boced yn ogystal â'r iechyd oedd bod yn fardd yn y cyfnod hwnnw!

Byddai ambell gerdd fuddugol yn cael ei chyhoeddi yn yr Almanaciau o bryd i'w gilydd. Prin fod angen dweud mai isel oedd y safon, ac ni allai hyd yn oed ymddangosiadau ysbeidiol Twm o'r Nant mewn rhai o'r cyfarfodydd hyn wneud dim i wella'r cynnyrch. Roedd y safonau wedi disgyn i'r gwaelodion, yn ddigon isel i argyhoeddi gŵr o'r enw Thomas Jones o Gorwen i geisio gwneud rhywbeth ynglŷn â'r mater. Adroddir eto yn *Yr Eisteddfod a Bywyd Bro*, bod Thomas Jones wedi ysgrifennu llythyr at y Gwyneddigion yn Llundain, cymdeithas o Gymry alltud a llengar, i ofyn am gymorth. Dangosodd y Gymdeithas newydd ei pharodrwydd i gefnogi eisteddfodau, prin ddwy flynedd wedi iddynt ffurfio, trwy gynnal Eisteddfod Corwen yn 1759. Ond roedd addewid ac amod i'r gefnogaeth, a hynny fod testunau'r Eisteddfod i'w cyhoeddi flwyddyn o flaen llaw yn lle'r arfer o'u gosod ar y pryd fel o'r blaen. Mewn mater o ddwy flynedd, trowyd cyfarfodydd di-drefn yr Almanac yn gyfarfodydd graenus a safonol.

Byr fu oes Eisteddfodau'r Gwyneddigion. Daeth tro ar eu llanw wedi i Thomas Jones symud i fyw yng Ngwlad yr Haf, yn 1795. Gellid dweud bod yr eisteddfod bellach yn gyfarfod cyhoeddus poblogaidd a chynhaliwyd dwy yn agos i'w gilydd yn y Bala yn 1789 a 1793. Fodd bynnag, yn ystod y cyfnod hwn roedd y dylanwad eisteddfodol wedi ei leoli yn bennaf ar draws siroedd y gogledd. Tua'r un adeg, roedd y cymeriad lliwgar hwnnw, Iolo Morganwg, yn bwydo trigolion ei sir â gwybodaeth ryfeddol am Orsedd y Beirdd. Hawdd deall sut i Iolo lwyddo i berswadio ei gyfoeswyr am ddilysrwydd ei hanesion am draddodiad barddol Morgannwg, gan fod ganddo gymaint o lawysgrifau hynafol yn ei feddiant fel tystiolaeth. Gwyddom erbyn heddiw, wrth gwrs, mai Iolo oedd wedi ffugio cyfran helaeth o'r llawysgrifau hyn.

Ar Fryn Briallu yn Llundain, yn 1792, y cynhaliwyd yr Orsedd gyntaf o dan oruchwyliaeth Iolo Morganwg, a chroniclir yr hanes yn *Yr Orsedd*, sef Cyfrol Dathlu Wyth Ganmlwyddiant yr Eisteddfod, 1176-1976. Llesmeiriwyd yr holl Wyneddigion oedd yn bresennol gan ledrith Iolo, a chwarae bach felly fyddai hudo ei frodorion o Gymru â'r un gred.

Eisteddfod bwysig arall oedd honno a gynhaliwyd yng Nghaerfyrddin yn 1818. Yn ystod yr Ŵyl fe ystyriwyd y ffordd orau ar sut i hyrwyddo llên a diwylliant Cymru, ac o ganlyniad i hyn fe ffurfiwyd Cymdeithas Cymroaidd Dyfed. Flwyddyn yn ddiweddarach yn 1819, cynhaliwyd yr 'Eisteddfod Daleithiol' gyntaf gan y gymdeithas yng Ngwesty'r Llwyn Iorwg, Caerfyrddin. Tua'r un adeg hefyd, fe sefydlwyd Cymdeithas Gymroaidd Gwynedd, Cymdeithas Cymrodorion Powys yn ogystal â Chymdeithasau Gymroaidd Gwent a Morgannwg. Er mwyn sicrhau bod y cymdeithasau hyn i gyd yn cynnal yr un amcanion, penderfynwyd bod angen awdurdod canolog i reoli eu gweithgarwch.

Yn dilyn Eisteddfod Caerfyrddin 1819, fe drefnwyd cymaint â deg o 'Eisteddfodau Taleithiol' hyd at 1834. Dyma'r drefn:

1819   Caerfyrddin
1820   Wrecsam
1821   Caernarfon
1822   Aberhonddu
1823   Caerfyrddin
1824   Y Trallwng
1825   Aberhonddu
1828   Dinbych
1832   Biwmares
1834   Caerdydd.

Er i Iolo gyflwyno'r Orsedd i'r byd ar Fryn Briallu yn Llundain ym mis Mehefin, 1792, bu'n rhaid aros tan Gorffennaf 1819, a hynny yn Eisteddfod Taleithiol Caerfyrddin, cyn ei gweld yn cael ei chysylltu'n swyddogol â'r Eisteddfod. Penderfynodd Iolo greu seremoni trwy osod rhyw gerrig bychain a oedd ganddo yn ei boced yn gylch ar lawr. Mae Hywel Teifi Edwards yn adrodd yr hanes yn llawn, a gobaith Iolo Morganwg oedd y byddai modd i'r Orsedd ddisodli'r eisteddfod. Wrth iddo sylweddoli, serch hynny, bod y mudiad yn tyfu o ran poblogrwydd, meddyliodd mai gwell fyddai i'r Orsedd ddod yn rhan o'r Ŵyl; cyfuniad sydd yn dal i fod mewn bodolaeth hyd at heddiw.

At ei gilydd, ni all unrhyw un amau nad oedd cyfnod yr 'Eisteddfodau Taleithiol' yn un llewyrchus ac arwyddocaol yn natblygiad yr Eisteddfod. Yn fwy na dim arall, profodd y gyfres hon o eisteddfodau na ellid meddwl am sefydlu Eisteddfod Genedlaethol heb fod yna gorff canolog i'w rheoli.

Cymdeithas y Cymreigyddion oedd prif noddwyr yr eisteddfod bellach, yn enwedig Cymreigyddion y Fenni. Trefnwyd llu o eisteddfodau o dan arweiniad eu prif noddwr, yr Arglwyddes Llanofer a Charnhuanawc (Gwenynen Gwent). Yr hyn sy'n ddiddorol yw mai Saesnes oedd yr Arglwyddes, ond Saesnes oedd yn danbaid dros y Gymraeg a'i diwylliant. I gynnal parhad y llwyddiant a ddaeth yn sgil y Gwyliau Taleithiol, aeth yr Arglwyddes ati i alw ynghyd bonedd y De a'r sawl oedd wedi bod yn gefnogol i'r gwyliau hyn i gynnal deg o eisteddfodau rhwng 1834 a 1853.

Yn dilyn Eisteddfodau'r Fenni yn 1834 a 1853, cafwyd un o'r eisteddfodau pwysicaf erioed, sef Eisteddfod Llangollen, 1858. Y pwynt arwyddocaol cyntaf i'w nodi yw mai dyma'r tro cyntaf yn ôl yr hanes i'r Orsedd gael ei chynnal fel rhan o brif weithgarwch yr Eisteddfod. Yn ail, fe barodd yr Eisteddfod am bedwar diwrnod. Fe'i hysbysebwyd trwy Gymru gyfan a daeth miloedd o bobl iddi, a llawer ohonynt yn mynychu digwyddiadau ymylol ac answyddogol yn nhafarnau'r dref! Yn olaf, daeth y newid mawr sef y byddai pwyllgor yn cael ei sefydlu i drefnu eisteddfod oedd i'w chynnal yn y de a'r gogledd bob yn ail flwyddyn.

Roedd Eisteddfod Genedlaethol Cymru ar ei ffordd!

GENI'R "GENEDLAETHOL"

Yn Eisteddfod Dinbych, 1860, etholwyd Cyngor neu Bwyllgor Rheoli i fod yn gyfrifol am y sefydliad. Roedd i'r Cyngor hwn 36 o aelodau, gyda'u hanner yn ôl y cyfansoddiad, yn gorfod bod yn feirdd. Prif ddyletswydd y Cyngor etholedig oedd gweinyddu a diogelu awdurdod yr Eisteddfod.

"Pob peth newydd, dedwydd da," meddai'r hen ddihareb, ac yn y dechreuad fel yna y bu pethau gyda'r ŵyl genedlaethol, wrth iddi wneud ei ffordd rhwng y de a'r gogledd bob yn ail flwyddyn. Cynhaliwyd yr Eisteddfod gyntaf yn Aberdâr yn 1861, a hynny yn bennaf am fod y glofeistr cefnog, David Williams (Alaw Goch) mor barod i noddi'r achlysur yn hael, fel y dangosodd Hywel Teifi Edwards yn ei gyfrol *Arwr Glew Erwau'r Glo*. Cynhaliwyd eisteddfodau eraill yn yr 1860au yng Nghaernarfon, Abertawe, Llandudno, Aberystwyth, Caer a Chaerfyrddin yn dilyn nes cyrraedd yr olaf yn y gyfres yn Rhuthun yn 1868.

Gweithred bwysig oedd sefydlu'r Pwyllgor Rheoli neu'r Cyngor yn y lle cyntaf, ond dechreuodd bethau fynd yn draed moch cyn gynhared â 1863. Yn ôl yr hanes a groniclir gan Hywel Teifi Edwards unwaith eto yn *Yr Eisteddfod*, bu'n rhaid i'r Cyngor roi'r gorau i'w ymdrechion gan i'r Eisteddfod fynd i ddyled, a hynny nid oherwydd esgeulustod ar ran y Cyngor, ond oherwydd bod dwy o'r trefi lle y cynhaliwyd yr Eisteddfod, sef Caernarfon ac Abertawe, wedi gwrthod trosglwyddo elw eu heisteddfodau i'r corff canolog. Mae helbulon y Cyngor cyntaf hwn yn cael eu hamlygu gan y ffaith i'r ysgrifenyddiaeth newid dwylo bedair o weithiau rhwng 1862 a 1869.

Byr felly fu oes y pwyllgor llywodraethol cyntaf, sef Y Cyngor. Yna, yn 1880, sefydlwyd corff arall yn dwyn y teitl, Cymdeithas yr Eisteddfod Genedlaethol. Bu hwn mewn bodolaeth am dros hanner cant o flynyddoedd tan 1932. Yn dilyn y Gymdeithas daeth corff newydd o dan yr hen deitl, Y Cyngor, ac yna yn 1952, aethpwyd ati i ddiwygio'r cyfansoddiad a daeth Llys yr Eisteddfod Genedlaethol i fodolaeth, sy'n bodoli, hyd heddiw, wrth gwrs.

Er bod gŵyl fawr y Cymry wedi'i sefydlu ar dir cadarn, yr hyn sy'n anodd i'w ddirnad wrth i ddyn bori trwy'r llyfrau hanes yw pa mor Seisnig yr oedd hi yn ystod chwedegau'r bedwaredd ganrif ar bymtheg ac yn wir hyd at dridegau'r ganrif ddiwethaf. Yn ôl Hywel Teifi Edwards, bu degawd gynta'r Eisteddfod Genedlaethol o 1858 hyd 1868 yn gyfnod eithaf llwyddiannus er y gyfres o helbulon a dyfodd oddi mewn iddi. Yn y lle cyntaf, gwireddwyd y freuddwyd o sefydlu gŵyl genedlaethol a honno o dan reolaeth corff canolog etholedig. Ychwanegwyd trefn ar yr ŵyl trwy ei chyhoeddi flwyddyn o flaen llaw trwy Gymru gyfan. Penderfynwyd hefyd i gynnal yr achlysur dros bedwar diwrnod, ac yn 1867, daeth yr anghydweld rhwng pleidwyr y mesurau caeth a'r mesurau rhydd i'w derfyn trwy roi Coron am bryddest a'i chyfri yn gyfwerth â'r Gadair am yr awdl.

Gŵr heb unrhyw amgyffred o'r ddawn farddol fu'n gyfrifol am greu'r anesmwythder oddi fewn i'r sefydliad ac enw'r gŵr hwnnw oedd Hugh Owen. Roedd Hugh Owen yn ŵr a wnaeth gyfraniad cyfoethog ac amrywiol i Gymru Oes Fictoria ond a oedd hefyd yn ymgorffori'r cymhlethdodau a oedd ymhlyg yn seicoleg llawer o arweinwyr yr oes. Pan ddaeth i Aberdâr yn 1861, yr oedd â'i holl fryd ar Seisnigeiddio'r ŵyl. Ei ddymuniad cyntaf oedd ychwanegu *Social Science Section* i'r achlysur ac o 1865 ymlaen cynhaliwyd *Industrial Exhibition* fel rhan o'r Eisteddfod, a chyflwynwyd mwy o gyngherddau Saesneg eu naws gyda'r canlyniad i'r Eisteddfod ddenu cefnogaeth niferoedd cynyddol o'r dosbarth canol trefol a dinesig. Anodd dirnad heddiw sut y gallai proses o'r fath fod wedi digwydd heb fwy o wrthwynebiad, ond fel y dangosodd Hywel Teifi Edwards, yn bennaf yn ei gyfrol, *Gŵyl Gwalia*, lleiafrif o'i gyd Gymry a wrthwynebai ymdrechion Hugh Owen. Nid oes tystiolaeth ychwaith i'r dosbarthiadau gweithiol droi eu cefnau ar yr Eisteddfod oherwydd y Seisnigeiddio yma, ac ymfalchïai glowyr y de, yn anad dim, yn llwyddiant Côr Caradog o Aberdâr mewn cystadlaethau corawl yn y Plas Grisial yn Llundain. Yr oedd hyn oll yn rhan o'r ymdrech i 'godi'r hen wlad yn ei hôl' a gwrthbrofi honiadau Adroddiadau Addysg 1847. Daeth penllanw'r Seisnigrwydd yma pam urddwyd rhai o'r teulu brenhinol yn aelodau o'r Orsedd.

Parhaodd y traddodiad Seisnig hwn yn rhan o'r Eisteddfod tan i ymdrechion ddechrau yn yr 1930au i gyflwyno 'Rheol Gymraeg'. Ond cawn weld yn y man yr un math o densiynau yn dal i fod yn bresennol yn ystod Eisteddfod Llandybïe yn 1944. Amcan Hugh Owen oedd troi'r Eisteddfod yn achlysur i wneud Cymru a'i phobl yn fwy cymeradwy yng ngolwg y Saeson. Fe ellid dweud mai un o'r rhesymau dros hyn yw bod mwy o Gymry yr adeg honno'n byw mewn llefydd fel Lerpwl na Chaerdydd ond, er hyn, nid chwithig oedd gweld yr Eisteddfod yn cael ei chynnal ar adegau y tu hwnt i Glawdd Offa, a cheir rhestr gyflawn o leoedd lle y cynhaliwyd yr Eisteddfod Genedlaethol rhwng 1861 a 1944 yn Atodiad 1 yng nghefn y llyfr hwn.

Erbyn dechrau'r ugeinfed ganrif roedd yr 'Eisteddfod Genedlaethol newydd' wedi cyrraedd ei phen-blwydd yn ugain oed. Wedi i'r cynnig cyntaf i ffurfio Eisteddfod Genedlaethol rhwng 1858 a 1868 fethu, oherwydd diffyg arian yn bennaf, cynhaliwyd y brifwyl gyntaf o'r gyfres bresennol ym Merthyr Tudful yn 1881. Ers hynny, dim ond unwaith y bu rhaid gohirio'r Eisteddfod, a hynny adeg y Rhyfel Byd Cyntaf yn 1914. Yn 1940, yn ystod yr Ail Ryfel Byd, bu'n rhaid ei chynnal fel Eisteddfod Radio oherwydd y pryderon a ddaeth yn sgil rhyfela. Ar wahân i'r ddau achlysur hyn mae'r Eisteddfod wedi mynd yn ei blaen yn ddi-dor tan heddiw.

Yr oedd yr Eisteddfod Genedlaethol a oroesodd o 1881 i'r ugeinfed ganrif yn sefydliad unigryw iawn gan nad un sefydliad mohoni o gwbl, ond cyfuniad neu gasgliad o gymdeithasau. Yr oedd tri awdurdod ynghlwm wrthi, sef Cymdeithas yr Eisteddfod, Gorsedd y Beirdd a'r pwyllgorau lleol. Anaml iawn y bu undod rhwng y tri, a byddai hyn yn arwain at lawer o anghydweld. Daeth terfyn i'r brwydro a'r anghydweld yn 1937 pan ymunodd y Gymdeithas a'r Orsedd i ffurfio Cyngor yr Eisteddfod Genedlaethol. Diwygiwyd y cyfansoddiad hwn yn 1952 a galwyd y corff llywodraethol bellach yn Llys yr Eisteddfod Genedlaethol. Parhaodd yr elfen Seisnig o chwedegau'r bedwaredd ganrif ar bymtheg hyd at ganol y ganrif ddiwethaf pryd y cyflwynwyd 'Y Rheol Gymraeg' fel rhan o'r cyfansoddiad newydd.

'STEDDFODE TYBÏE

YN WAHANOL I HANES cynnar yr eisteddfod yng Nghymru, mae ein gwybodaeth am eisteddfodau cynnar Llandybïe, gan ddiolch i'r hanesydd, y diweddar Ddr Gomer M. Roberts yn helaethach. Gellir dweud â sicrwydd, fod y sefydliad wedi bod mewn bri o fewn y plwyf ers canol y bedwaredd ganrif ar bymtheg. Does yr un hanesydd yn nodi pwy oedd yn gyfrifol am ddod â'r Eisteddfod i'r pentref, ond mae yna awgrym gan T. H. Lewis a Gomer M. Roberts yn eu llyfr, *Yr Eisteddfod a Bywyd Bro*, bod apwyntiadau y ddau lenor John Rowland (Giraldus) a Griffith Jones (Glan Menai) ymhlith yr ysgolfeistri cyntaf ar yr Ysgol Genedlaethol (1848), wedi dylanwadu'n fawr ar ddiwylliant y fro.

Pentref bychan ond hynafol oedd Llandybïe yn y cyfnod hwn, gydag ond rhyw ychydig o fythynnod gwyngalchog o amgylch Eglwys y Plwyf a Gardd y Plas. Yng nghanol y bedwaredd ganrif ar bymtheg sefydlwyd Ysgol Genedlaethol yn y pentref a chyrhaeddodd y rheilffordd, fel bod modd cludo'r calch o'r chwareli lleol i bedwar ban byd. Roedd pyllau glo bychain yn y plwyf ers peth amser, ond gyda'r drafnidiaeth newydd a galw cynyddol am lo carreg o'r ansawdd gorau, bu hi fawr o dro cyn i'r glofeydd mawrion agor ar draws yr ardal gyfagos. Yn naturiol, mae gwaith yn denu pobl a chynyddu wnaeth y boblogaeth, a gyda'r cynnydd daeth galw am ddull o adloniant, a beth gwell nag eisteddfod i ddenu pobl at ei gilydd?

Roedd digon o sôn am yr eisteddfodau yn Llanelli a thref Caerfyrddin yn ystod hanner cyntaf y bedwaredd ganrif ar bymtheg. Bryd hynny nid oedd llawer iawn o ymwneud diwylliannol rhwng Llandybïe a'r byd mawr tu allan. Prif noddwyr yr eisteddfodau hyn oedd gwahanol gymdeithasau cyfeillgar, yn enwedig Urdd y Gwir Iforiaid, a daeth eu dylanwad hwy yn drwm ar fywyd bro yn ystod ail hanner y ganrif. Yn ôl T. H. Lewis a Gomer M. Roberts:

> "Tua chanol y bedwaredd ganrif ar bymtheg dechreuwyd cynnal eisteddfodau'n gyson yn y pentref . . . Mewn Eisteddfod bwysig a gynhaliwyd yn Llanelli yn 1836 ffurfiwyd gorymdaith gan wahanol gyfrinfeydd y cylch hwnnw, ac yr oedd peth o'r cystadlu yn gyfyngedig i'r Iforiaid. Ceid ynddi hefyd gystadlaethau corawl ac yr oedd yn llawer mwy Cymreig ei hysbryd na'r eisteddfodau cynnar yn nhre Caerfyrddin. Yr oedd ficer Llandybïe yno . . ."

Mae'n rhaid bod yr eisteddfod hon wedi creu argraff ar y ficer, oherwydd ychydig wedi hynny sefydlwyd nifer o gyfrinfeydd yr Iforiaid ym mhentref Llandybïe. Mae sôn am un ohonynt yn cael ei sefydlu yn nhafarn y *Red Cow* a chychwynnwyd Eisteddfod ar ŵyl flynyddol y gyfrinfa ar gae Waunllan yn union tu cefn i'r dafarn. Byddai'r man cyfarfod o dan goeden ywen, llecyn digon cysgodol rhag y glaw a hefyd gwres yr haul. Gwyddom i'r Ŵyl arbennig hon fod mewn bodolaeth tan 1879 a hefyd mai ar un o'r achlysuron hyn y gwnaeth J. T. Job fwrw'i brentisiaeth fel bardd trwy ennill un o'r cystadlaethau pan oedd ond yn fachgen ifanc iawn.

Yn y cyfnod hwn, ymledodd yr arfer o 'steddfoda yn gyflym trwy'r wlad o Landeilo i Ddyffryn Aman. Yn ddi-os, y digwyddiad a gafodd yr effaith pennaf ar y fath dwf o 1880 ymlaen oedd sefydlu Ysgol Watcyn Wyn yn y Gwynfryn, Rhydaman. Ysgol i ddarparu addysg gychwynnol i ddynion ifainc â'u bryd ar fynd i'r weinidogaeth oedd y Gwynfryn ac roedd y prifathro yn gefnogwr brwd i'r traddodiad eisteddfodol ac yn enwedig yr Eisteddfod Genedlaethol.

Erbyn heddiw, mae'r enw Watcyn Wyn yn gyfystyr â bardd, athro a phregethwr, a dylid cofio mai ei goleg cyntaf oedd ymhlith ei gyd-lowyr ar y ffas ym mherfeddion y ddaear. Dyna lle yr enillodd ei ornest eisteddfodol gyntaf am gyfansoddi pennill. Mae ei gyfraniad tuag at boblogeiddio'r eisteddfod ac eisteddfoda yn yr ardal yn un arwyddocaol.

Cynhelid ysgol farddol yn Ysgol Watcyn Wyn, a bu cystadlu brwd mewn cystadlaethau llenyddol. Yn y dyddiau hynny, ar ddechrau ail hanner y bedwaredd ganrif ar bymtheg, traddodiad canu'r bardd gwlad a'r cerddi rhydd oedd yn bodoli yn y cwm. Tua'r un cyfnod yr oedd yna ŵr o'r enw Owen Dafydd, baledwr o safon yn byw yn yr ardal, a mynnai Watcyn Wyn mai'r gŵr hwn oedd yn bennaf gyfrifol am ei ddenu i farddoni. Ar y llaw arall, dywed W. J. Phillips yn y llyfr *Cwm Aman* a olygwyd gan Hywel Teifi Edwards:

> "Ond os mai clywed am Owen Dafydd a grëodd y diddordeb yn Watcyn Wyn, y gŵr fu'n athro barddol iddo ef ac i lasfeirdd eraill Brynaman oedd Daniel Lewis Moses. Hanai hwn o Gribyn, sir Aberteifi, ac roedd yn un o'r rhai a symudodd i'r ardal i weithio yn y gwaith haearn. Daeth o

Nythaid o Feirdd – Yn y cefn, o'r chwith: Gwili, Eben Aman Jones, Nantlais a George O. Williams; ac yn y rhes flaen: Gwydderig, Watcyn Wyn a Job. Mae'r llun hwn yn gan mlwydd oed eleni. Fe'i tynnwyd ar Awst 25, 1904.

(Mae'r llun ar glawr mewn llawer i fan. Credir i hwn ddod o Ryngrwyd y Fro).

ardal lle'r oedd y traddodiad barddol a'r eisteddfod wedi gwreiddio'n ddwfn. Yr oedd ef ei hun yn fardd ac yn feistr ar y gynghanedd."

Mae hanes cynnar bywyd Watcyn Wyn yn stori drist. Bu farw ei wraig wedi iddynt fod yn briod am flwyddyn yn unig gan ei adael i edrych ar ôl eu merch fach oedd ond tair wythnos oed. Penderfynodd adael y pwll yn 1872 er mwyn dilyn ei fryd ar fynd i'r weinidogaeth. Gwnaed casgliad o £34 gan bobl Brynaman tuag at gostau coleg, ond wedi cwblhau'r cwrs, methodd â chael galwad i gapel a dechreuodd ei yrfa fel athro yn Llangadog, cyn symud a sefydlu Ysgol y Gwynfryn, Rhydaman. Bu'n brifathro yno am weddill ei oes, lle bu'n ysbrydoliaeth i nifer o weinidogion gan gynnwys Nantlais, Gwili a J. T. Job.

Roedd y dwymyn eisteddfodol wedi cydio ynddo yn gynnar yn ei fywyd. Enillodd wobrau di-ri gan ymuno â'r garfan 'beirdd y dwbwl' trwy ennill y Goron yn Eisteddfod Genedlaethol y Merthyr 1881 ac yna'r Gadair yn Eisteddfod Genedlaethol Aberdâr, 1885. Ymhlith ei gyd-gystadleuwyr lleol yn ystod y cyfnod euraidd hwn gellid cynnwys beirdd adnabyddus lleol fel Meurig Aman, Gwili a Gwydderig. Rhaid cofio hefyd mai Crwys, un o gyn-ddisgyblion Ysgol y Gwynfryn, oedd yr Archdderwydd yn ystod Gŵyl Genedlaethol Llandybïe.

Gellid dweud bod plwyf Llandybïe wedi meithrin llawer o'i ysbryd llenyddol a'r arfer o 'steddfoda oddi wrth yr ysgol nodedig hon. Bu'r plwyf cyfan, gan gynnwys Llandybïe a'i rhwydwaith o bentrefi bychain, yn cynnal nifer fawr o Eisteddfodau Cadeiriol yn ystod y deugain mlynedd cyn Rhyfel 1914-18. Clywir ar lafar gwlad hyd at y dydd heddiw am y cystadlu brwd oedd mor nodweddiadol o'r eisteddfodau hyn. Mae sôn am gynnal eisteddfod mewn pabell fawr yn 1903. Yn ôl y diweddar Bryn Thomas, yn ei lyfr, *Days of Old*, honnir bod eisteddfod wedi'i chynnal yn 1907, a neb llai na'r cerddor Daniel Protheroe yn beirniadu ynddi. Yn yr eisteddfod arbennig hon, roedd gwobr o £20 i'r Côr Cymysg gorau ond dim ond £5 o wobr i enillwyr cystadleuaeth y Corau Meibion. Diddorol canfod bod Eisteddfod Gadeiriol yn 1909 a bod neb yn gwybod enw enillydd y gadair! Yn ôl y stori leol, roedd yna wyth ymgeisydd ac fe werthodd y bardd buddugol ei gerdd yn syth ar ôl y feirniadaeth!

Yn ôl Bryn Thomas, cafodd Eisteddfod 1910 ei chynnal ar un o gaeau'r Llew Coch. Yn rhyfedd iawn yn ystod y cyfnod hwn fe unwyd yr Eisteddfod a'r carnifal blynyddol a bu galw am fwy o drenau ar y diwrnod gan fod rhwng tair a phedair mil o bobl yn teithio i Landybïe! Cofnodir i'r Eisteddfod gael ei chynnal hyd at 1913, ond gyda dechrau'r Rhyfel Byd Cyntaf, bu'n rhaid rhoi terfyn arni.

Effeithiwyd yn drwm ar blwyf Llandybïe, fel pob ardal arall, gan y Rhyfel Byd Cyntaf. Lladdwyd nifer o'r bechgyn ifanc a ymunodd â'r lluoedd arfog a symudodd eraill i ffwrdd gan i'r fasnach lo carreg fynd drwy gyfnod anodd yn ystod blynyddoedd olaf y rhyfel. Bu'n anodd i'r sawl a ddychwelodd i dderbyn y newidiadau oedd wedi cymryd lle yn eu hen bentref, gan gynnwys y ffaith fod menywod wedi cael eu cyflogi mewn diwydiant yn ystod blynyddoedd y rhyfel. Yr oedd rhai newidiadau cymdeithasol a diwylliannol ar droed cyn y rhyfel, a chyflymu wnaeth y rhain yn y dauddegau. Amhosibl oedd ailgydio ymhob agwedd ar yr hen ddull o fyw. Diflannodd nifer o'r hen arferion; daeth y ddrama a'r sinema yn ddull newydd o adloniant. Daeth Eisteddfod Gadeiriol Llandybïe i ben yn 1918 a lleihau hefyd wnaeth nifer o eisteddfodau bach y plwyf. Ond fel y gwelwn, dal eu gafael mewn llên a cherddoriaeth wnaeth y bobl.

Ar y llaw arall, yr oedd y blynyddoedd wedi'r Rhyfel Byd Cyntaf, tan o leiaf ganol y dauddegau, yn gyfnod cymharol lewyrchus yn ardal y glo carreg. Agorodd pyllau newydd ac ehangwyd rhai o'r hen lofeydd. O ganlyniad dychwelodd rhai o'r hen frodorion a oedd wedi mudo i gymoedd Morgannwg i'w hardal enedigol. Arweiniodd y bwrlwm hwn at gyfnod llewyrchus ym mywyd diwylliannol yr ardal.

Enillwyd llawer o wobrau yng nghystadlaethau'r Eisteddfodau Cenedlaethol yn y cyfnod rhwng y ddau Ryfel Byd gan bobl y dyffryn. Yr amlycaf o'r buddugwyr oedd Côr Brynaman ac yna'n ddiweddarach Côr Rhydaman.

Yn 1922, gwahoddwyd yr Eisteddfod Genedlaethol i dref Rhydaman. I arweinwyr y dref yr oedd hyn yn ymgais i ddangos fod y dref, nad oedd ond yn bentref bychan genhedlaeth yn gynt, bellach yn medru bod, am wythnos, yn brifddinas ddiwylliannol Cymru. Dros dro, anghofiwyd am helyntion diwydiannol y cyfnod. Bu'r Eisteddfod yn llwyddiant mawr yn ariannol, yn llenyddol ac yn gerddorol. Taerai llawer fod awdl J. Lloyd Jones, 'Y Gaeaf' yn un o awdlau gorau'r ganrif hyd at y flwyddyn honno.

Daeth adfywiad yn yr arfer o 'steddfoda unwaith eto o gwmpas y pentrefi bach wedi llwyddiant ysgubol Eisteddfod Rhydaman. Roedd yna eisteddfod yn rhywle trwy Sadyrnau'r gaeaf, ac atgof melys i lawer oedd cael eistedd ar y ffwrwm bren yng nghefn y llwyfan tra'n aros eu tro i gystadlu. Chawsai neb eu siomi, gan fod darn o arian ymhob un o'r bagiau bach lliwgar oedd yn hongian yn union 'run fath â lein ddillad yn aros i'w cyflwyno fel gwobr gysur i bob cystadleuydd.

Yn gefnlen i hyn oll, aeth yr Eisteddfod Genedlaethol yn ei blaen yn ddi-dor am bron i ugain mlynedd, gyda'r frwydr rhwng ysgolheigion y dydd a dilynwyr a dilornwyr Iolo Morganwg yn dwyn y sylw pennaf, wrth i'r ysgolheigion ymdrechu i ddiwygio Gorsedd y Beirdd rhag iddi ddwyn gwarth ac anfri ar enw da'r sefydliad. Yn ogystal â'r gwrthdaro mewnol, bu rhaid wynebu anhawster mawr arall hefyd yn ystod y blynyddoedd rhwng 1919 a 1936, a hwnnw oedd prinder arian a ddaeth yn sgil y dirwasgiad economaidd a daenodd gwmwl tywyll dros y wlad. Bu bron i'r sefydliad fynd i'r wal ar fwy nag un achlysur. Yna, yn 1937, yn araf bach dechreuodd yr economi wella ac yn bendant yn achos yr Eisteddfod roedd y dyfodol yn argoeli'n llawer gwell wedi i benderfyniad mawr gael ei wneud yn Eisteddfod Genedlaethol Machynlleth. Dyna pryd y cytunodd yr Orsedd a Chymdeithas yr Eisteddfod uno i ffurfio un corff canolog i reoli'r sefydliad. Tra bo'r pethau hyn i gyd yn mynd yn eu blaen, prin y tybiai unrhyw un ein bod ni fel cenedl yn closio at Ryfel Byd arall, a bod trigolion pentref bach gorllewinol ar fin gwahodd yr Eisteddfod Genedlaethol i'w plith yng nghanol trybini'r rhyfel honno.

CYFNOD YR AIL RYFEL BYD

Y<small>R EISTEDDFOD GYNTAF</small> i ddod o dan oruchwyliaeth y 'Cyngor' newydd yn llwyr oedd Eisteddfod Genedlaethol Dinbych yn 1939. Crybwyllwyd bod Eisteddfod Machynlleth 1937 wedi bod yn un chwyldroadol gan i'r ddau gorff, Cymdeithas yr Eisteddfod a'r Orsedd uno i ffurfio corff newydd yn dwyn y teitl Cyngor yr Eisteddfod Genedlaethol. Yn rhan o'r cyfansoddiad newydd hwn yr ymgorfforwyd y 'Rheol Gymraeg' am y tro cyntaf erioed. Ysywaeth, un cam ymlaen a dau gam yn ôl fu'r hanes, oherwydd Eisteddfod Dinbych oedd yr olaf cyn dechrau'r Ail Ryfel Byd, ac o ganlyniad bu'n rhaid aros tan 1952 cyn gweld y 'Rheol Uniaith' yn dod i rym.

Yn dilyn Eisteddfod Dinbych 1939, y bwriad oedd cynnal eisteddfod y flwyddyn ganlynol, o'r pumed hyd at y degfed o Awst, ym Mhen-y-bont ar Ogwr. Aeth yr holl gynlluniau ar chwâl gyda dyfodiad y rhyfel, a thrist canfod bod y Rhestr Testunau ar ei chyfer eisoes wedi'i chyhoeddi. Yn union wedi dechrau'r rhyfel ym mis Medi 1939, gwnaed y cyhoeddiad gan Bwyllgor Gwaith Cyngor yr Eisteddfod na fyddai'r Ŵyl yn cael ei chynnal yn ôl y disgwyl o fewn y dref honno. Un o'r rhesymau pennaf dros y fath benderfyniad oedd bod y Llywodraeth Prydeinig wedi nodi Pen-y-bont ar Ogwr fel tref i gynnal ffatri adnoddau bomio, ac o ganlyniad byddai'n darged amlwg i gyrchoedd awyr y gelyn.

Doedd y Cyngor ddim am weld ailadrodd ar yr hyn a ddigwyddodd i Eisteddfod Bangor ar gychwyn y Rhyfel Byd Cyntaf. Penderfynwyd ar fyr rybudd, i'w symud i Aberpennar, gan gynnal y Seremoni Cyhoeddi a'r Eisteddfod ei hunan o fewn tri mis i'w gilydd. Y fantais o'i symud i Aberpennar oedd bod yna bafiliwn yn y dref yn barod. Prynwyd y pafiliwn gan y Cyngor yn y gobaith efallai y gellid cynnal nifer o eisteddfodau'r rhyfel ynddo, ac aethpwyd ati i gyhoeddi Rhestr Testunau arall o'r newydd.

Yr oedd pob dim yn ei le, ond ni chynhaliwyd yr eisteddfod yn ôl y disgwyl. Ar yr unfed awr ar ddeg, penderfynodd Pwyllgor Lleol Aberpennar mai annoeth fyddai cynnal yr ŵyl yn wyneb y ffaith fod Aberpennar ymhlith yr ardaloedd gwaharddedig a ddynodwyd gan y Llywodraeth oherwydd peryglon rhyfel.

Golygai hyn golled ariannol enfawr i'r Cyngor gan iddynt ddarparu, ond i gael eu siomi, ar gyfer dau le oedd â'u bwriad i gartrefi'r Eisteddfod Genedlaethol. Achubwyd y dydd pan ffurfiwyd cyd-bwyllgor bychan oedd yn cynnwys cynrychiolwyr o Gyngor yr Ŵyl a nifer o swyddogion Cymreig y BBC. Gŵyl tri diwrnod oedd Eisteddfod Genedlaethol Aberpennar a gwawriodd dydd yr Eisteddfod Radio gyntaf erioed. Yn Aberpennar, yn ddi-os, y ganwyd Eisteddfod y cyfryngau!

Bu'r rhyfel yn gymhlethdod mawr i'r Eisteddfod Genedlaethol gan greu anawsterau di-ri ar hyd y ffordd. Yr un oedd y stori eto yn 1941. Gwahoddwyd yr ŵyl y flwyddyn honno i Fae Colwyn gyda'r bwriad o'i chynnal o Awst 4 hyd at Awst 9. Yn anffodus, galwyd cyfarfod brys rhwng Cyngor yr Eisteddfod a'r Pwyllgor Gwaith Lleol a gohiriwyd yr ŵyl. Gwnaed penderfyniad dadleuol arall trwy gwtogi eisteddfod y flwyddyn honno o bum niwrnod i dridiau a chynnal Cymanfa Ganu fel clo i'r gweithgareddau ar y pedwerydd diwrnod. Byddai teitl newydd i'r eisteddfod, sef Eisteddfod Lenyddol Genedlaethol Cymru, Hen Golwyn, 1941. Mae'n debyg mai cynllwyn oedd hyn i gael gwared ar y cantorion a gyhuddwyd byth a beunydd o Seisnigeiddio'r ŵyl. Seiliwyd Eisteddfod Genedlaethol Hen Golwyn felly ar ddull Gwyneddigaidd eisteddfodau'r ddeunawfed ganrif. Gan fod cwtogi wedi bod ar y nifer o gystadlaethau, bu'n rhaid llunio Rhestr Testunau o'r newydd. Cynhaliwyd yr eisteddfod yn Neuadd yr Eglwys, Hen Golwyn, oedd ond yn dal rhyw 500 o gynulleidfa. Darparwyd neuadd arall ar gyfer gweithgareddau'r hwyr.

Rhwystredig a dweud y lleiaf fu'r paratoadau ar gyfer Eisteddfod Hen Golwyn, ond er gwaetha'r helbulon i gyd, dyma a nodir gan O. M. Roberts yn ei lyfryn, *Yr Ŵyl Fawr yn Nyffryn Conwy*:

> "Dyma'r Eisteddfod gyda'r hapusaf y bûm i ynddi erioed . . . Er garwed yr amgylchiadau ac er cymaint y rhwystrau cafwyd Eisteddfod hyfryd yn Hen Golwyn. Gwelwyd tyrfaoedd mawr a chafwyd hwyl anarferol ar y beirniadu a'r cystadlu."

Bu'r cyfryngau yn darlledu'n fyw o'r neuadd am yr ail flwyddyn yn olynol, ond y tro hwn, bu tipyn o anghydfod rhwng y BBC a Chyngor yr Eisteddfod. Deilliodd hyn o'r ffaith fod trosglwyddo'r darllediadau ar amseroedd penodedig yn amharu ar rediad yr Eisteddfod, a bod yna fylchau o fewn rhaglen y dydd ar y llwyfan. Ar y llaw arall, anodd yw dychmygu eisteddfod heb yr un gystadleuaeth i gantorion, ac er yr holl sylw a roddwyd i'r beirdd a'r llenorion o fewn

Eisteddfod Hen Golwyn, mae'n debyg nad oedd llewyrch mawr ar eu cynnyrch ar ddiwedd dydd.

Dilyn patrwm y ddwy eisteddfod flaenorol wnaeth Eisteddfod 1942. Bwriadwyd ei chynnal yng Nghaerfyrddin, ac yn ôl yr arfer fe gyhoeddwyd y Rhestr Testunau. Yr oedd i'w chynnal o dan y teitl Eisteddfod Genedlaethol Lenyddol Cymru am dridiau ar y 5ed, 6ed a'r 7fed o Awst. Amgylchiadau a thrafferthion yn deillio o'r rhyfel achosodd iddi gael ei symud i Aberteifi. Pam Aberteifi? Y prif reswm oedd bod yna bafiliwn yno'n barod i'w chynnal, a'r tro hwn yn wahanol i'r ddau achlysur diwethaf, ni fyddai unrhyw orfodaeth ar y Cyngor i ail gyhoeddi'r Rhestr Testunau.

Dal i fudlosgi wnaeth y ddadl rhwng y llenorion a'r cerddorion er bod eitemau cerddorol wedi'u cynnwys ymhlith y cystadlaethau erbyn 1942. Cododd yr hen ddadl barhaus oherwydd defnyddiwyd y cystadlaethau cerdd o fewn rhaglen yr Eisteddfod fel dyfais i ladd amser rhwng y beirniadaethau llên. Diddorol canfod hefyd fod James Griffiths, Aelod Seneddol, ac yntau wedi ei fagu o fewn tafliad carreg o blwyf Llandybïe, yn un o Lywyddion y dydd. Yn ei lyfr *Y Gaer Fechan Olaf*, mae Alan Llwyd, sef llenor, bardd a hanesydd y mae'r llyfr hwn hefyd wedi ymelwa o'i lafur, yn nodi bod James Griffiths yn ei araith wedi galw "am fesur o hunan lywodraeth fel y gallai Cymru fod yn gyfrifol am ei gwaredigaeth ei hun."

Unwaith eto, er iddi gael ei galw yn Eisteddfod Genedlaethol Lenyddol Cymru, bernir mai gwan o ran safon oedd y cynnyrch llenyddol. Mae'n amlwg, erbyn Eisteddfod Aberteifi, fod y trefnyddion wedi dysgu un peth, sef na allai'r Eisteddfod Genedlaethol gynnal ei hun ar lenyddiaeth yn unig.

Daeth problemau trefnu'r Genedlaethol i'r brig unwaith eto yn 1943 pan fu'n rhaid newid lleoliad am y bedwaredd flwyddyn yn olynol. Y bwriad gwreiddiol oedd cynnal yr Eisteddfod yn Llangefni. Lleoliad addas gan ystyried i Eisteddfod Môn redeg yn ddi-dor ar yr ynys trwy adeg y rhyfel. Dewiswyd y testunau a'u cyhoeddi flwyddyn o flaen llaw yn 1942. Ond, yn ddiweddarach yn y flwyddyn ym mis Medi, gwnaed argymhelliad gan y Gweinidog Trafnidiaeth i beidio â chynnal yr eisteddfod yn Llangefni. Yn ei dyb ef, byddai cynnal menter mor fawr yn siŵr o beryglu bywydau a hithau'n adeg rhyfel! Doedd dim i'w wneud ond chwilio am safle newydd, ac ym mis Hydref 1942 derbyniodd Bangor y gwahoddiad i gynnal Eisteddfod Genedlaethol 1943.

Yn Chwaraedy'r Sir, man cyfarfod i ryw saith cant o bobl yn unig, y cynhaliwyd Eisteddfod Bangor. Bu tipyn o anghydfod yn ystod yr ŵyl gan i nifer fethu â chael tocynnau am fod y lle yn rhy fach. Daeth y ffaith mai Eisteddfod a drefnwyd ar frys oedd hon i'r amlwg yn ystod y gweithgarwch, gan i'r Cyngor orfod benthyca Coron a Chadair i gynnal y prif seremonïau, a chynnig medalau fel gwobrau i'r prifeirdd buddugol.

Fel sydd wedi'i nodi gan Alan Llwyd yn ei lyfr, *Y Gaer Fechan Olaf*, nodwedd arbennig ac arferiad newydd i'r brifwyl oedd croesawu pedwar tramorwr i'r llwyfan yn syth ar ôl seremoni cadeirio Dewi Emrys ar brynhawn dydd Iau. Cyflwynodd Cynan y pedwar i'r Archdderwydd Crwys; Dr Miha Kiek, Is-Brif Weinidog Tsiecoslofacia, Juraj Slavik, Gweinidog Mewnol Tsiecoslofacia, Jules Hoste, Is-Ysgrifennydd Addysg Gwlad Belg, a B. Karavaev, Ail-Ysgrifennydd Llysgenhadeth yr Undeb Sofietaidd. Yn ôl yr hanes cafodd y pedwar gymeradwyaeth dwymgalon gan y dorf gan fwynhau'r profiad yn fawr.

Yn ystod Eisteddfod Bangor llwyddwyd i gynnal y cyngherddau, y dramâu a'r Noson Lawen mewn safleoedd eraill gyda'r hwyr, a phrinach oedd y gŵyn bod y cantorion a'u gweithiau Seisnig yn cael effaith andwyol ar y Gymraeg. At ei gilydd, wedi tair blynedd o ryfel, gellid dweud bod y blynyddoedd argyfyngus hyn wedi gorfodi i'r Eisteddfod Genedlaethol frwydro'n ddi-derfyn dros ei bodolaeth, ac nad brwydr barhaol dros ei Seisnigeiddio oedd yr unig broblem bellach.

Bu pryder ymhlith aelodau'r Cyngor gan nad oedd y brifwyl â chartref ar gyfer 1944. Dyma fynd ati i gyhoeddi yn y Wasg yn 1943, bod Cyngor yr Eisteddfod Genedlaethol yn chwilio am le i gynnal y brifwyl ym mis Awst 1944. Gwelwyd y cyhoeddiad gan bobl Llandybïe, a dyma ymgasglu a phenderfynu gwahodd yr Eisteddfod Genedlaethol i'w bro. Trefnwyd cyfarfod yn Neuadd Goffa'r pentref ar y 29ain o Fehefin, er mwyn ennill cefnogaeth y gymuned gyfan, cyn i'r swyddogion a etholwyd ganddynt gyfarfod â dirprwyaeth o Gyngor yr Eisteddfod Genedlaethol ym mis Tachwedd. Cytunwyd i Eisteddfod Genedlaethol 1944 ddod i Landybïe, er i ambell aelod o'r Cyngor amau addasrwydd pentref bychan i gynnal gŵyl genedlaethol.

Erbyn hyn, roedd yna ymdeimlad o hyder heddwch trwy'r wlad, a dechreuwyd cyfeirio at Eisteddfod Llandybïe fel y 'Steddfod Buddugoliaeth', gan gredu mai hon fyddai eisteddfod olaf blynyddoedd y rhyfel! Ni wireddwyd y gobaith hwnnw, gan i un arall gael ei chynnal cyn y terfyn, flwyddyn yn ddiweddarach yn Rhosllannerchrugog, gerllaw Wrecsam.

"A EI DI I LANDYBÏE?"

YCHYDIG O BOBL y tu hwnt i Sir Gâr a fyddai'n gwybod am bentref Llandybïe cyn pedwardegau'r ganrif ddiwethaf, a byddai'r mwyafrif helaeth o'r ychydig hwnnw heb ymweld â'r lle, ond yn hytrach wedi dod ar draws yr enw mewn rhigwm gan fardd gwlad anhysbys, a gyfansoddodd y geiriau fel pos llafar:

"A ei di i Landybïe heb weud ie?
Dros yr hewl neu dros y ceie?"

Yr her sydd ynghlwm wrth y pos yw ateb cymaint o gwestiynau ag y medrwch chi heb roi "ie" fel ateb o gwbl. Prin y tybiodd y rhigymwr di-nod y deuai anfarwoldeb i'w bos syml, yn enwedig wedi i Eisteddfod Genedlaethol Cymru ddod i'r fro yn 1944. Felly cwestiwn mawr y cyfnod oedd, "A ei di i Landybïe?" hynny yw, i'r Eisteddfod Genedlaethol yno?

Crybwyllwyd eisoes, mai mentrus a dweud y lleiaf, oedd dewis pentref Llandybïe fel man cynnal Eisteddfod Genedlaethol Cymru, 1944. Cododd y gŵyn ar unwaith gan leiafrif o aelodau'r Cyngor fod y disgwyliadau yn llawer rhy fawr i bentref bach mewn cyfnod mor gynhyrfus yn hanes y byd. Dylid cofio bod y rhyfel yn dal yn ei hanterth, a'n bod ni'n sôn am gyfnod oedd ond ychydig wythnosau cyn glaniadau mawr "Diwrnod D" ar draeth Normandi, sef y cam allweddol cyntaf yn yr ymdrech i ryddhau Ewrop o ddwylo'r Natsïaid. Yn ddigon naturiol, cwyn arall a ddaeth yn sgil hyn i gyd oedd yr anhawster y byddai lle mor wledig yn ei beri i bobl wrth iddynt geisio dod o hyd iddo.

Yn ôl Alan Llwyd yn ei lyfr, *Y Gaer Fechan Olaf*, ceisiodd Cynan a D. R. Hughes dawelu'r dyfroedd gyda'r datganiad:

> "Rhydd yr Eisteddfod Rhyfel gyfle amheuthun i'r trefi bychain a'r ardaloedd gwledig . . ."

Cyfeiriodd y ddau at Landybïe fel:

> ". . . pentref mawr trwyadl Cymreig a Chymraeg . . . lle delfrydol i gynnal yr Eisteddfod mewn cyfnod o argyfwng."

Mae'r hen ddywediad sy'n dweud y gellid adnabod dyn o'r graig y'i naddwyd ohoni yn wir am drigolion pentref Llandybïe. Mae'n amlwg nad oedd ambell un o aelodau Cyngor yr Eisteddfod wedi cydnabod dycnwch y pentrefwyr ar y cychwyn, gan i'w sylwadau dilornus am faint y pentref wneud yr ymgyrchwyr hyn yn fwy penderfynol byth i gynnal yr Eisteddfod Genedlaethol. Mae geiriau un o fechgyn y fro yn ystod y cyfnod hwnnw, Gomer M. Roberts yn ei lyfr, *Hanes Plwyf Llandybïe*, yn adrodd cyfrolau am dirlun y lle a chymeriadau'r plwyf:

> "O ran ei greigiau, gorwedd plwyf Llandybïe ar dair o haenau; yn y pen uchaf (tua chyfeiriad Llandeilo Fawr) y mae'r Hen Dywodfaen Coch yn sylfaen i bridd coch cyfoethog; yn y canol ceir y Calchfaen, yn rhedeg yn un

rhimyn main, hir, o'r Mynydd Mawr dros Graig Derwyddon a Chraig y Ddinas, a thrwy'r dyffryn i gyfeiriad Carreg Cennen a'r Mynydd Du. Ar ben y Calchfaen ceir y mesurau glo, yn cynnwys haen ar haen o wythiennau glo caled, y glo carreg gorau yn y byd. Gwelir y tair ffurf yma ar greigiau o fewn i ffiniau plwyf Llandybïe, ac y mae'r ffurfiau hyn i gyd wedi dylanwadu ar fywyd ei drigolion, a'u gwneuthur yn ffermwyr, yn chwarelwyr a chalchwyr ac yn lowyr."

Does ryfedd nad oedd unrhyw un am gael sgarmes â bechgyn Llandybïe yn ystod ffeiriau'r bedwaredd ganrif ar bymtheg!

Diolch i'r drefn, roedd yr hen arferion wedi diflannu erbyn dyfodiad yr Eisteddfod Genedlaethol, a'r bechgyn hefyd wedi dofi tipyn. Bellach, roedd y gwŷr busnes, y cyfreithwyr a'r meddygon, y ffeiriaid a'r gweinidogion, y plismyn a'r rheolwyr gwaith, gwŷr y banc a'r athrawon wedi ymdoddi i ganol y galwedigaethau cynhenid gan ffurfio trawstoriad amrywiol o fewn cymdeithas hynaws a deallus.

Annheg oedd y gred hefyd bod Llandybïe yn bentref diarffordd, a allai greu dryswch i'r sawl a fynnai ddod i'r Eisteddfod. Pa bentref, neu dref o ran hynny, fyddai'n hawdd teithio iddo adeg rhyfel, gyda'r dogn tanwydd a'r gwaharddiad rhag defnyddio goleuadau ar foduron wedi'r nos mewn grym? Mae'n rhaid cyfaddef bod Llandybïe'r cyfnod hwnnw yn fan cyfleus i deithio iddo. Wedi'r cyfan roedd yna Orsaf Rheilffordd gymharol brysur yn y pentref, a hefyd roedd yna nifer o heolydd yn arwain i'r lle o amryw gyfeiriadau. Deuai'r hen briffordd o Abertawe i Landeilo dros Fynydd y Betws a thrwy Rydaman i'r pentref cyn gwneud ei ffordd i'r Derwydd a Llandeilo Fawr. Dylid cofio hefyd bod yr heol o Gwm Nedd i lawr trwy Ddyffryn

Aman hefyd yn ymuno â heol Abertawe yn Rhydaman. Roedd yna heol arall yn dod o Lanelli i Lanedi ac yna heibio i'r Bont Lash i mewn i'r pentref heb sôn am yr heolydd o Bentregwenlais, Gwynfe a Llangadog. Byddai'r heolydd hyn wrth gwrs, yn rhan o rwydwaith a fyddai'n arwain at bentrefi a threfi oedd bellach i ffwrdd. Roedd pob dim yn ei le i estyn gwahoddiad i Brifwyl Cymru i'r pentref.

Ond, yn gyntaf, gadewch i ni gael dychwelyd i'r datganiad a wnaed tua diwedd y bennod olaf, pan nodwyd bod yr Eisteddfod Genedlaethol yn ddigartref yn 1944. Cafodd y newydd syfrdanol hwn ei gyhoeddi yn y Wasg, ac mae'n siwr mai dyna pryd y tynnwyd sylw criw bach o bobl o bentref Llandybïe yng ngorllewin Cymru at y mater. Yn eu plith roedd cyfreithiwr ifanc galluog o'r enw Alun Talfan Davies – yr un Alun Talfan a ddaeth maes o law yn Syr Alun Talfan Davies, y Barnwr.

Mae'n hen hanes bellach i'r twrnai ifanc a'i deulu symud o Abertawe i fyw ar Heol Llandeilo yn Llandybïe yn ystod y rhyfel. Bu fawr o dro cyn ymgartrefu'n hapus, ac mewn dim o amser, daeth yn un o ddynion blaenllaw y pentref. Yn ogystal â bod yn dwrnai enwog, roedd hefyd yn ŵr busnes llwyddiannus ac yn berson a ymddiddorai'n fawr yn niwylliant ei wlad. Ychydig y sylweddolodd yn ystod y cyfnod hwn y byddai rhyw ddiwrnod yn Llywydd yr Eisteddfod Genedlaethol am dair blynedd!

Roedd y cyhoeddiad annisgwyl hwn yn y wasg genedlaethol, yn cynnig iddo'r cyfle i arwain mintai o werinwyr o'i bentref mabwysiedig ac estyn gwahoddiad i Brifwyl Cymru ymweld â'r fro. Cafodd berswâd ar D. L. Thomas, siop Stationer's Hall, ar sgwâr y pentref i fod yn ddarpar

Gadeirydd i'w Bwyllgor Gwaith lleol. Roedd hyn yn benodiad craff iawn, gan fod D.L. yn adnabyddus i bawb fel perchennog siop bapurau'r pentref a hefyd yn arwerthwr cofrestredig. Bu hefyd yn Gynghorydd am flynyddoedd lawer yn ogystal â bod yn gadeirydd ar bron pob mudiad yn y pentref. Elfen bwysig arall o'i bersonoliaeth yn y dyddiau hynny oedd ei fod hefyd yn eglwyswr selog. Yn ddiau, roedd y person iawn wedi'i adnabod ar gyfer y swyddogaeth allweddol hon, gan y byddai D. L. Thomas yn sicr o gael cefnogaeth y pentref cyfan yn yr ymgyrch i ddenu'r Genedlaethol i'r plwyf.

Gyda'r swydd uchaf o ran proffil, sef y Cadeirydd, mewn dwylo diogel, bodlonodd Alun Talfan Davies â'r swydd o fod yn ddirprwy iddo. Yn sicr, cafodd y cyfle trwy'r swydd hon i gynllunio yn y cefndir ac i fod wrth law i gynnig ei gyngor fel bo'r angen.

Morgan Morgan o Heol y Brenin a etholwyd yn ddarpar ysgrifennydd. Glöwr yng ngwaith glo'r Pencae'r Eithin oedd o ran galwedigaeth, yn ŵr tu hwnt o ddiwylliedig ac yn meddu ar ddawn aruchel ar lafar ac yn ysgrifenedig yn y Gymraeg. Roedd y gŵr hwn yn Gristion pybyr ac yn dal swydd Ysgrifennydd Eglwys Bresbyteraidd Gosen yn y pentref.

Yn atodol i hyn, roedd galw am gyfrifydd medrus i fod yn drysorydd i fudiad a fyddai ar raddfa genedlaethol. Ni fu'n rhaid edrych ymhell gan fod brawd yr Is-Gadeirydd, Elfyn Talfan Davies o Frynaman, yn digwydd bod yn gyfrifydd ym Manc y Midland, Rhydaman, yn ystod y cyfnod hwnnw ac fe'i penodwyd yntau i'r swydd.

Canlyniad y mân siarad pen-heol a'r trafodaethau answyddogol oedd i ddirprwyaeth o bobl y pentref gysylltu â swyddogion Cyngor yr Eisteddfod, gan ofyn am gael eu cyfarfod i drafod y bwriad o gynnal Eisteddfod Genedlaethol 1944, yn Llandybïe. Yn dilyn y cais hwn, fe drefnwyd cyfarfod cyhoeddus yn Neuadd Goffa'r pentref rhwng Aelodau'r Cyngor a'r pentrefwyr. Roedd y brwdfrydedd yn amlwg gan fod llond neuadd o'r bobl leol yn bresennol, gyda phob un yn awchu am gael cynnal yr Eisteddfod Genedlaethol o fewn eu bro. Felly, ar y noson bwysig honno, Mehefin 29, 1943, fe gadarnhawyd mai yn Llandybïe y cynhelid Prifwyl 1944. Cadarnhawyd hefyd mai'r unigolion y crybwyllwyd eu henwau eisoes fyddai Swyddogion y Pwyllgor Lleol.

Yn dilyn y cyhoeddiad bod eu cais i gynnal y brifwyl wedi bod yn llwyddiannus, dyma'r Pwyllgor etholedig yn penderfynu y dylai dalgylch yr Eisteddfod gwmpasu holl bentrefi a threfi bychain y fro yn gyfan gwbl. Wedi'r cyfan, prin fod 2,600 o bobl yn ddigon o rif i gario'r baich i gyd, ac eisoes roedd ambell aelod o'r Cyngor yn dechrau amau'r penderfyniad o adael i'r Eisteddfod ymweld â'r pentref yn y lle cyntaf! Felly, estynnwyd gwahoddiad i gynrychiolwyr o gymunedau'r plwyf a hefyd i drefi Llandeilo a Rhydaman i fod yn rhan o'r trefniant. Gwnaed yn siŵr o fewn y pentrefi i gyd fod swyddogion cymwys yn cael eu dewis ar gyfer cyflawni tasgau'r pwyllgorau. Yn eu plith, penodwyd tri bardd adnabyddus, sef Amanwy, Gwilym Myrddin ac Irlwyn.

Y cam nesaf oedd sicrhau bod yna fannau cyfarfod i gynnal yr holl weithgarwch oedd yn gysylltiedig â'r Eisteddfod Genedlaethol. Yn sicr, doedd yna ddim pafiliwn, ac felly dim ond un lle addas oedd yn benthyg ei hun ar gyfer cynnal y prif gystadlaethau, sef Neuadd Goffa'r pentref.

"A EI DI I LANDYBÏE?"

Adeiladwyd y Neuadd i ddal rhyw saith cant o bobl i goffáu am y bechgyn ifainc, dewr hynny a gollodd eu bywydau yn Rhyfel 1914-1918. Yn ffodus i Bwyllgor yr Eisteddfod roedd yna ddigon o arbenigedd lleol wrth law i addasu'r adeilad i gwrdd â gofynion y brifwyl. Roedd y BBC hefyd wedi dod i gytundeb â Chyngor yr Eisteddfod i ddarlledu'r Ŵyl ar y radio trwy Gymru gyfan. Diddorol canfod i barlwr Mr a Mrs Elias Evans, 33 Heol y Goedlan, gyferbyn â'r Neuadd gael ei drawsnewid i Stiwdio Radio gan y BBC, ac o'r ystafell fach honno y darlledwyd yr Eisteddfod i'r byd.

Pan godwyd y Neuadd, sicrhaodd trigolion y pentref fod digon o dir gwag yn ei hamgylchynu rhag ofn y codai'r angen i'w hehangu yn y dyfodol. Byddai'r tir yn ddefnyddiol hefyd ar gyfer creu math o barc adloniant. Yn ystod cyfnod yr Eisteddfod, codwyd pabell arno i ddarparu lluniaeth ar gyfer yr ymwelwyr. Doedd y pwnc dadleuol, 'Iechyd a Diogelwch' heb ddod i fodolaeth adeg y rhyfel, a diolch am hynny gan fod yr afon Marlais yn rhedeg yn syth drwy ganol y maes lluniaeth arbennig hwn! Yn ôl y chwedlau lleol, bu'n rhaid codi rhes o bolion a weiren yn mynd o un i'r llall ar hyd ei glannau, i arbed yr eisteddfodwyr rhag cael trochiad annisgwyl!

Bwriad y Pwyllgor Lleol yn Llandybïe, oedd croesawu'r Orsedd yn ôl i'w phriod le fel rhan o'r Eisteddfod am y tro cyntaf ers dechrau'r rhyfel. Byddai hyn yn golygu codi cylch cerrig o'r newydd yn y pentref. Rhoddwyd y dasg i ŵr lleol o'r enw Mr W. T. Morgan a fu'n gyfrifol am y trefniant o gludo'r meini o'r chwarel leol a'u gosod mewn trefn ar y cae nesaf i'r Ysgol Uwchradd.

"A EI DI I LANDYBÏE?"

Petai'r freuddwyd o weld yr Orsedd yn rhan o'r Eisteddfod yn cael ei gwireddu yn Llandybïe, y cam nesaf fyddai dod o hyd i ystafell ymgynnull i'r gorseddigion. Dewiswyd Salem, capel y Bedyddwyr ar Heol Campbell fel y man ymgynnull. Mae Salem yn un o'r ddau gapel sydd wedi cau bellach yn y pentref oherwydd y dirywiad mewn aelodau. Byddai pellter y daith drafferthus sydd o'r capel bach i fyny at Gae'r Orsedd yn annerbyniol iawn erbyn heddiw, oherwydd anhawster cludo'r llesg a'r anabl i'r Cylch ar foreau y seremonïau.

Yn ôl yn 1935, prin ddegawd cyn cynnal yr Eisteddfod, adeiladwyd Ysgol Uwchradd Fodern newydd yn y pentref; lle dymunol iawn i ddal yr arddangosfeydd oedd yn gysylltiedig â'r Eisteddfod. Capeli'r pentref oedd y man cynnal ar gyfer y Rhagbrofion Llwyfan, a Neuadd Lesiant Rhydaman oedd y lle addas ar gyfer perfformio'r dramâu, er i Neuadd y Pentref gael ei chlustnodi ar gyfer prif ddrama'r Ŵyl. Gan nad oedd cystadlu gyda'r hwyr roedd y Neuadd Goffa hefyd yn gartref i'r cyngherddau.

Parlwr arall mewn tŷ gyferbyn â'r neuadd ar Heol y Goedlan, a ddewiswyd i fod yn swyddfa docynnau, a'r tro hwn Mr a Mrs Jones, 'Argoed', aeth heb eu hystafell ffrynt am wythnos. Yr oedd y cynlluniau manwl hyn i gyd yn eu lle gyda'r bwriad o'u cyflwyno i Bwyllgor Brys yr Eisteddfod Genedlaethol yn y cyfarfod hollbwysig hwnnw ar Dachwedd 11eg, 1943. Derbyniodd y Pwyllgor Brys yr awgrymiadau ac yna fe unodd y ddau gorff i gyhoeddi nifer o benderfyniadau pwysig a ddaeth o ganlyniad i'r cyfarfod.

Yn y lle cyntaf, gan fod pawb yn gytûn bod argoelion cryf am derfyn ar y rhyfel, penderfynwyd bod yr amser yn addas ar gyfer ychwanegu at nifer y cystadlaethau. Byddai hyn yn golygu bod Eisteddfod Llandybïe yn mynd i gynnwys mwy o gystadlaethau nag unrhyw un arall o Eisteddfodau'r rhyfel. Talodd hyn ar ei ganfed, oherwydd erbyn mis Ebrill 1944, roedd cynnydd mawr yn rhif y cystadleuwyr oedd eisoes wedi cofrestru. Yn sgil y cynnydd hwn, gwnaed y penderfyniad i ddychwelyd i'r hen drefn o gynnal Eisteddfod pum niwrnod mewn hyd gan gynnwys Cymanfa Ganu, yn hytrach nag Eisteddfod am dridiau fel oedd yr arfer adeg y rhyfel. Lledodd gwên dros wyneb llawer wrth iddynt glywed bod yr Orsedd ar ei ffordd yn ôl, gan gynnwys y gorymdeithio lliwgar a'r seremonïau boreol yn y Cylch. Roedd hi'n hanfodol bwysig i greu perthynas agos rhwng y Pwyllgor Gwaith Lleol a Chyngor Brys yr Eisteddfod Genedlaethol er mwyn hwyluso'r gwaith. Gosodwyd trefniant mewn lle yn sicrhau bod Swyddogion y Pwyllgor Lleol yn teithio i'r Amwythig a Chaer o bryd i'w gilydd i sôn am y datblygiadau wrth y Cyngor Brys.

Yn ôl rheolau Llys yr Eisteddfod Genedlaethol, mae'n ddefod i gynnal Seremoni Cyhoeddi'r Eisteddfod flwyddyn o flaen llaw. Does yr un cofnod am Seremoni Cyhoeddi ar gyfer Eisteddfod Genedlaethol Llandybïe, 1944. Tybed ai'r esboniad am hyn oedd bod yr eisteddfodau blaenorol i Landybïe dros y ddegawd oedd yn arwain ati wedi eu cywasgu o ran eu maint a'u gweithgaredd ac o ganlyniad wedi cyfyngu ar rôl yr Orsedd? Ar y llaw arall, gallai eraill fod wedi tybio mai gwastraff arian fyddai cynnal y fath seremonïau gyda'r rhyfel yn ei hanterth. Mae'n debyg mai'r esboniad am hyn yw bod cyfnod y rhyfel wedi arwain, yn anochel, at ansicrwydd mawr ynghylch ble a sut i gynnal yr Eisteddfod Genedlaethol o flwyddyn i flwyddyn ac, o ganlyniad, ni fu yna'r un Seremoni Cyhoeddi.

Roedd trigolion y pentref gwledig hwn i'w llongyfarch am eu dycnwch wrth iddynt ddal ati i baratoi gwledd o ddiwylliant ar adeg mor gythryblus yn hanes y byd. Dylid cofio bod yr hyn o dai oedd yn y pentref yn gorlifo â phobl eisoes, gan fod yna ifaciwi bron ymhob cartref; ond llwyddo wnaeth y gymdogaeth glòs hon i wireddu ei bwriadau. Ceir enghraifft wych o hyn yng ngweithredoedd Mr a Mrs Jim Jones, 'Argoed'. Yn ôl eu merch, Mrs Nesta Price, sy'n dal i fyw yn y pentref:

"Rown ni yn y Coleg Nyrsio ar y pryd, yn gorfod sefyll fy arholiadau terfynol dros wythnos yr eisteddfod. Yr unig gysur i mi oedd derbyn gair wrth fy rhieni yn dweud mai ofer fyddai i mi deithio adref gan fod parlwr y tŷ wedi'i droi'n Swyddfa Docynnau a bod yr hen gartre yn llawn o bobl ddieithr oedd yn treulio'r Ŵyl yn Llandybïe!"

Does dim amheuaeth i Eisteddfod Llandybïe fod yn un o'r hynotaf erioed. Er gwaethaf y rhyfel ceisiwyd cynnal cymaint â phosibl o'r elfennau a oedd bellach yn rhan annatod o wythnos y brifwyl. Ac er mwyn cydnabod bod Llandybïe yn bentref ar y ffin rhwng y gorllewin amaethyddol a'r maes glo cynhaliwyd Arddangosfa Ddiwydiannol ymhlith yr atyniadau. Mae'n debyg y byddai hynny wedi bod wrth fodd Hugh Owen yn y dyddiau a fu!

"A EI DI I LANDYBÏE?"

Llun o'r Heol Fawr yn dangos yr eglwys yn y pellter.

Bws ger y "Red Cow".

"A EI DI I LANDYBÏE?"

Gorsaf Trên y pentref.

Prif fynedfa'r Neuadd.

"A EI DI I LANDYBÏE?"

Pwyllgor Gwaith yr Eisteddfod o flaen y Neuadd 'nôl yn 1944.

"A EI DI I LANDYBÏE?"

Llun o Gaer Orsedd gyda'r pentref yn y cefndir.

"A EI DI I LANDYBÏE?"

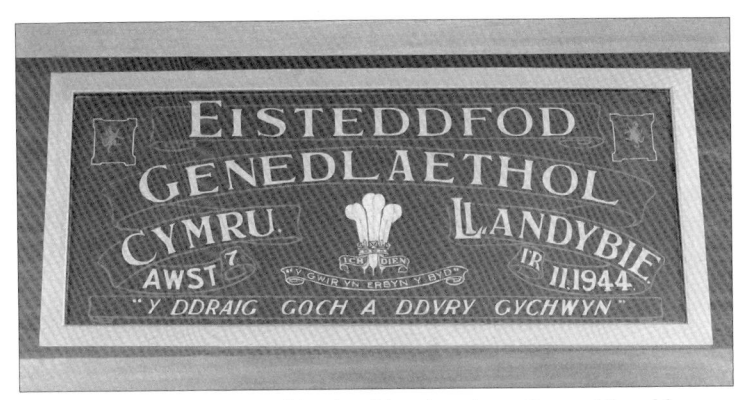

Y Gair o Groeso Swyddogol oedd yn hongian o flaen y Neuadd.

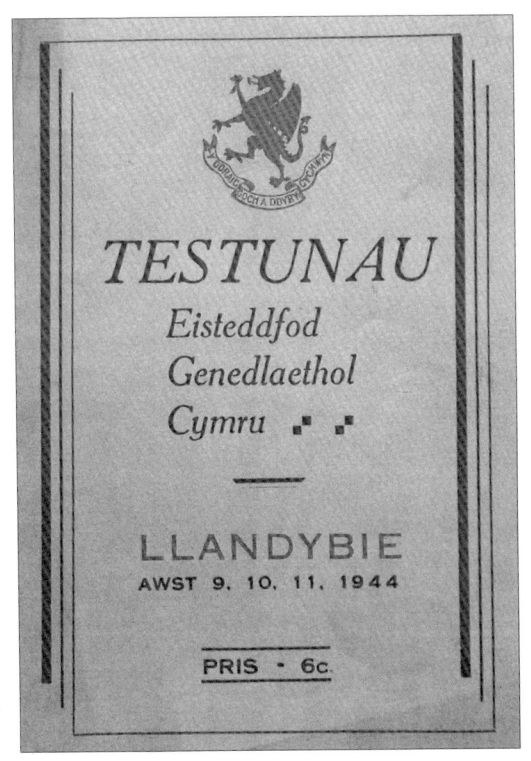

Tudalen clawr y llyfryn, 'Rhestr Testunau Eisteddfod Genedlaethol Llandybïe, 1944'.

The Llandebie Times

(Incorporating Heddiw).

Number Two.   29th JULY, 1944.   PRICE SIXPENCE.

CYFARCHIAD Y CADEIRYDD.

(O Raglen Swyddogol yr Eisteddfod).

"*Pa Wlad sy' fel Cymru Annwyl?*" *(Eifion Wyn).*

Y mae sôn am yr Eisteddfod Genedlaethol yn swynol i glust pob Cymro a Chymraes drwy'r byd yn gyfan. Y mae'n foddion i wresogi ei waed yn gynhesach at ei Wlad a'i Genedl nag unrhyw sefydliad arall mewn bod. Po bellaf y mae oddicartref, agosaf yw ei galon a'i feddwl at y pethau a gâr. Dyna brofiad miloedd o blant Cymru heddiw sydd ar wasgar, ac yn arbennig plant Llandybie a'r Cylch pan fo'r Wyl Fawr ar drothwy eu cartrefl.

Mawr oedd o brwdfrydedd yn Sir Gâr pan ddaeth y newydd fod Cyngor yr Eisteddfod wedi derbyn gwahoddiad pobl Llandybie i groesawu'r Eisteddfod am eleni. Mewn ychydig ddyddiau yr oedd y Pwyllgorau Lleol a'r holl Is-bwyllgorau fel un gŵr yn ddyfal wrth eu gwaith. Ac fel yna y bu iddynt barhau drwy gydol y flwyddyn. Ni adawyd yr un garreg heb ei throi er mwyn gwneud Eisteddfod Llandybie yn llwyddiant ymhob ystyr.

Yr oedd y cyhoedd yn galw am adfer yr Eisteddfod i'w gogoniant llawn. Yr oedd yna awydd am weld yr Orsedd unwaith eto'n urddasoli'r Eisteddfod, y plant yn cael eu lle priodol, y seindyrf cyns yn deffro'r cymoedd, megis cynt, yr arddangosfa i gyfeirio ein llwybrau i'r dyfodol, a'r Wyl wrth fodd calon y werin bobl. Rhoddodd y Pwyllgorau Lleol ystyriaeth fanwl i'r holl bethau hyn, a gwnaethant eu gorau i wrdd â phob gofyn.

Dymunwn ddiolch i Gyngor yr Eisteddfod am ei barodrwydd i gydweithredu a rhoddi pob cymorth i ni sylweddoli ein gobeithion.

Carwn ddiolch i bob swyddog a phob aelod o'r holl Bwyllgorau a fu, yn wyneb anawsterau enfawr, yn llafurio'n ffyddlon ar hyd y flwyddyn i gyflawni'r trefniadau. Ni allwn anghofio, chwaith, y llu ffrindiau a charedigion yr Eisteddfod a fu mor barod i estyn eu cymorth inni.

Croeso cynnes i chwi, Gymry ac eraill o bedwar ban y byd, i ymweled â Llandybie yn ystod yr Wyl. Hyderwn y bydd eich ymweliad yma yn un bythgofiadwy.

D. L. THOMAS,

Cadeirydd, Pwyllgor Gwaith Llandybie.

CAERBRYN A BLAENAU.

Daeth yn newid byd ar Raymond Lloyd erbyn hyn. Y mae yntau yn awr yn y Lluoedd Arfog. Deallwn ei fod yn myndopi yn weddol iawn, ac edrychwn ymlaen i'w weld yn ôl am dro cyn bo hir. Mentrwn ddweud y bydd ganddo lawer o bethau bachog a gwreiddiol i'w dweud am y byd sydd arno yr awrhon tu draw i Glawdd Offa.

Torrwyd ar ddistawrwydd santaidd bore Sul, Ionawr 23ain, gan y newydd cyffrous fod Dennis Hughes ar goll. Ymledodd ton o dristwch dros yr ardal. Mawr hyderwn iddo ddisgyn yn ddiogel ac y daw newyddion calonogol amdano cyn bo hir. Afraid dweud fod cydymdeimlad yr ardal i gyd gyda'r teulu yn yr amser gofidus ac anisicr hwn.

Bu'r Angau du yn sangu'n drwm drwy yr ardal yn ddiweddar. Wedi cystudd garw, bu farw William Richards, Caerbryn Terrace, a chladdwyd ei weddillion ym mynwent Penygroes; Collasom hefyd Miss' Annie Lewis, Rose Villa, a hithau wedi dioddef yn dawel ac amyneddgar. Coffa da am ei bywyd prydferth, gonest. Aeth o'i gwaith i'w gwobr. Gwâg yw aelwyd Bancyberllan wedi cludo Mrs. Annie Price i'r graean. Cledd â min yw claddu mam dda. Cydymdeimlwn yn fawr â'r teuluoedd hyn yn eu galar a'u hiraeth.

Cafwyd Cyrddau Mawr bendithiol ym Methel, Sul, Chwefror 6ed. Yr oedd cenadwri y Parch. Ieuan Phillips yn bwrpasol ac amserol. Mwynhawyd yr oedfaon gan gynulliadau da, a chredwn y pery dylanwad y weinidogaeth yn hir yn y cylch.

Da yw clywed fod y plant yn cael bwyd yn yr ysgol. Golygfa brydferth ydyw gweled dros gant ohonynt yn gwneud cystal chwarae teg â chinio dwym flasus a osodir ger eu bronnau bob dydd. Ceir cinio benigamp bob dydd, a hynny am gost rhesymol iawn. Rhaid gofalu am y plant yn ystod yr amser enbyd hwn. Dyma obaith y dyfodol, ac ni allwn fforddio esgeuluso y rhai bychain hyn.

Dawnsio a gweu drwy'i gilydd, fel llyswennod mewn llaid, fu difyrrwch

(Parhad ar tud. 8).

Cyfarchiad Cadeirydd y Pwyllgor Gwaith, D. L. Thomas. Rhifyn 2, "The Llandybie Times," Gorffennaf 29ain, 1944.

CROESO

Pentref bach diwydiannol heb fawr o sôn amdano oedd Llandybïe felly yn y cyfnod pan ddechreuodd yr Ail Ryfel Byd. Byddai'r pentrefwyr yn ennill eu bywoliaeth naill ai yn y diwydiant glo, y gwaith calch neu drwy weithio ar y tir. Doedd fawr o gynnwrf o fewn y pentref a thueddai'r bobl gadw o fewn terfynau'r fro am eu hadloniant. Nifer go fach o fechgyn y fro oedd wedi'u galw i'r rhyfel gan fod angen pobl ifainc tebyg i weithio ar y tir ac i gynhyrchu glo i hybu ymdrechion y rhyfel. Roedd Gorsaf Dân a Gorsaf Heddlu yn y pentref yr adeg honno yn ogystal â gwasanaeth meddyg a fferyllydd. Byddai mwyafrif y plant yn gadael ysgol yn bedair ar ddeg oed, gyda'r bechgyn, os nad yn feibion fferm, yn bwrw eu prentisiaeth i fod yn lowyr fel eu tadau o'u blaenau. Diddorol canfod hefyd fod nifer o Eidalwyr yn y fro fel carcharorion rhyfel, a byddai'r rhain naill ai'n gweithio yn y lofa neu ar ffermydd cyfagos. Golygfa gyfarwydd arall adeg y rhyfel oedd gweld dynion llwyd eu gwedd yn araf gamu rhwng anadliadau prin ar hyd y strydoedd. Byddai canran go uchel o'r rhain yn hen cyn eu hamser o ganlyniad i Glefyd y Llwch (*Pneumoconiosis*) oedd mor gyffredin ymhlith glowyr y cyfnod.

Canolbwynt y pentref oedd Eglwys y Plwyf, er bod gan bob enwad gapel yno yn y dyddiau hynny. Adeiladwyd yr Ysgol Uwchradd Fodern ychydig cyn y rhyfel ac roedd yno

Ysgol Gynradd Eglwysig hefyd. Niferus iawn oedd nifer y tafarndai gyda llu o fusnesau bychain yn cynnig rhywbeth at ddant pawb hefyd.

Yn naturiol, cafodd y rhyfel effaith andwyol ar ffordd o fyw y bobl hyn. Symudodd yr ifaciwî o Abertawe ac o Loegr i'w plith, ac o ganlyniad roedd pob tŷ bron yn llawn. Daeth byw o dan warchae'r blacowt yn arferiad cyson a bu cyfarwyddo â'r dognau prynu dillad, bwyd a thanwydd yn rhan o fywyd bob dydd. Yn naturiol, bu'n rhaid cwtogi llawer ar deithio a gwario diangenraid ond gofalodd ffermwyr y gymdeithas glòs oedd o fewn y plwyf fod y cig mochyn, y llaeth a'r menyn yn ffynnu ar y farchnad gudd. Chafodd neb fynd yn angof, yn enwedig y sawl a orfodwyd i ymladd yn y rhyfel, a sicrhawyd eu bod yn cael cadw cysylltiad â bro eu mebyd trwy'r papur *Llandybïe Times*, oedd â chylchrediad digon eang i gyrraedd yr unigolion hynny oedd yn y lluoedd arfog.

Erbyn 1944, roedd trigolion y pentref wedi dod yn gyfarwydd â byw o dan amodau rhyfel. Roedd newid wedi dod ar fyd gan fod hyd yn oed teithio bellach yn creu ffwdan! Bu'n rhaid dibynnu yn fwyfwy ar yr hyn oedd gan y pentref i'w gynnig. Canlyniad i hyn oedd closio fel cymdeithas gan ddangos dycnwch a thaerineb yn eu hymdrechion i gyrraedd y nod yr anelir ati. Dyma'r cefndir i'w llwyddiant wrth estyn gwahoddiad i'r Eisteddfod Genedlaethol i'w bro, a chyda mis Awst yn prysur agosáu, roedd poblogaeth o oddeutu 2,600 yn edrych ymlaen yn eiddgar at nos Sadwrn y Cyngerdd Agoriadol.

Ar amrantiad, trawsnewidiwyd naws lwydaidd y rhyfel i naws o liwiau gorfoleddus a chyffrous dyfodiad yr Eisteddfod Genedlaethol. Roedd y baneri yn cwhwfan ar yr awel a'r strydoedd yn ferw o Gymry dieithr ac ambell estron. Er gwaetha'r holl amheuon oedd yn dal i fodoli dros ddewis pentref cefn gwlad i gynnal gŵyl mor fawr, roedd Llandybïe yn fwy na pharod ar gyfer y fenter. Datgelwyd meddyliau'r bobl yn fedrus gan Gadeirydd y Pwyllgor Lleol, D. L. Thomas, o dan y pennawd, 'Cyfarchion y Cadeirydd', yn rhifyn Gorffennaf 29, 1944, o'r *Llandybïe Times*. Ymddangosodd yr un neges hefyd yn Rhaglen Swyddogol yr Eisteddfod:

"Y mae sôn am yr Eisteddfod Genedlaethol yn swynol i glust pob Cymro a Chymraes drwy'r byd yn gyfan. Y mae'n foddion i wresogi ei waed yn gynhesach at ei Wlad a'i Genedl nag unrhyw sefydliad arall mewn bod. Po bellaf y mae oddi cartref, agosaf yw ei galon a'i feddwl at y pethau a gâr. Dyna brofiad miloedd o blant Cymru heddiw sydd ar wasgar yn arbennig plant Llandybïe a'r Cylch pan fo'r Ŵyl Fawr ar drothwy eu cartref.

"Mawr oedd y brwdfrydedd yn Sir Gâr pan ddaeth y newydd fod Cyngor yr Eisteddfod wedi derbyn gwahoddiad pobl Llandybïe i groesawu'r Eisteddfod am eleni. Mewn ychydig ddyddiau yr oedd y Pwyllgorau Lleol a'r holl is-bwyllgorau fel un gŵr yn ddyfal wrth eu gwaith. Ac fel yna y bu iddynt barhau drwy gydol y flwyddyn. Ni adawyd yr un garreg heb ei throi er mwyn gwneud Eisteddfod Llandybïe yn llwyddiant ymhob ystyr.

"Yr oedd y cyhoedd yn galw am adfer yr Eisteddfod i'w gogoniant llawn. Yr oedd yna awydd am weld yr Orsedd unwaith eto'n urddasoli'r Eisteddfod, y plant yn cael eu lle priodol, y seindyrf pres yn deffro'r cymoedd, megis cynt, yr arddangosfa i gyfeirio ein llwybrau i'r dyfodol a'r Ŵyl wrth fodd calon y werin bobl. Rhoddodd y Pwyllgorau Lleol ystyriaeth fanwl i'r holl bethau hyn, a gwnaethant eu gorau i gwrdd â phob gofyn.

"Dymunwn ddiolch i Gyngor yr Eisteddfod am ei barodrwydd i gydweithredu a rhoddi pob cymorth i ni sylweddoli ein gobeithion. Carwn ddiolch i bob swyddog a phob aelod o'r holl Bwyllgorau a fu, yn wyneb anawsterau enfawr, yn llafurio'n ffyddlon ar hyd y flwyddyn i gyflawni'r trefniadau. Ni allwn anghofio chwaith, y llu ffrindiau a charedigion yr Eisteddfod a fu mor barod i estyn eu cymorth inni.

"Croeso cynnes i chi Gymry ac eraill o bedwar ban y byd, i ymweld â Llandybïe yn ystod yr Ŵyl. Hyderwn y bydd eich ymweliad yma yn un bythgofiadwy."

Sylwer ym mha bapur newydd y cyflwynodd y Cadeirydd ei neges – ie, y *Llandybïe Times* – "nid yn ango y cawn fod," oedd y neges i'r sawl oedd yn brwydro yn y rhyfel.

Byddai Eisteddfod Genedlaethol Llandybïe yn un agored a chynhwysfawr i bawb pa le bynnag eu lleoliad a'u hamgylchiadau.

Y CYNGERDD AGORIADOL

YN ÔL ALAN LLWYD, yn ei lyfr, *Y Gaer Fechan Olaf*, ystyrir Eisteddfod Genedlaethol Llandybïe, 1944, yn bennaf, fel yr Ŵyl a fu'n gyfrifol am blannu'r egin i sefydlu Eisteddfod Ryngwladol Llangollen. Mae'n ddatganiad diddorol gan i'r Ŵyl honno gychwyn prin tair blynedd yn ddiweddarach yn 1947.

Un peth sy'n sicr, yn ôl ym mis Awst 1944, roedd pobl Llandybïe yn canolbwyntio'n llwyr ar drefniadau'r nos Sadwrn y 5ed o'r mis, pryd y cynhelir Cyngerdd y Cynghreiriaid yn Neuadd Goffa'r pentref. Dyma oedd Noson Agoriadol yr Eisteddfod Genedlaethol pryd y disgwylir Côr Byddin y Pwyliaid ac artistiaid o Tsiecoslofacia, Ffrainc, Norwy, Gwlad Pwyl ac America i'w diddanu. Byddai nifer o Lys-Genhadon eraill o blith Gwledydd y Cynghreiriaid yn y gynulleidfa, gan gynnwys Dr Juraj Slavik, Gweinidog Cartref Gweriniaeth Tsiecoslofacia; Is-Gapten Cyrnol de Lagatinerie, Cennad Milwrol dros Lesiant, Ffrainc; Nils Hzemtvelt, Gweinidog Addysg, Norwy; Yr Athro Chen Yuan, Aelod o Gyngor Gwleidyddol y Bobl, Tseina; Alphonse Als, Gweinidog Materion Tramor, Lwcsembwrg; Mr Julius Hoste, Is-Ysgrifennydd Gwladwriaeth, Gwlad Belg a Gerril Bolkestein, Gweinidog Addysg, y Celfyddydau a Gwyddoniaeth, yr Iseldiroedd. Noson ryngwladol yng ngwir ystyr y gair, ac achlysur a allai'n wir fod wedi sefydlu patrwm ar gyfer Eisteddfod Ryngwladol i'r dyfodol.

"A EI DI I LANDYBÏE?"

Llys Genhadon y Cynghreiriaid

Dr Juraj Slavik
(Tsiecoslofacia)

Is-Gapten Cyrnol de
Lagatinerie (Ffrainc)

Nils Hjeimtuett
(Norwy)

Yr Athro Chen Yuan
(Tseina)

Alphonse Als
(Lwcsembwrg)

Julius Hoste
(Gwlad Belg)

Gerril Bolkestein
(Yr Iseldiroedd)

Y CYNGERDD AGORIADOL

> PWYLLGOR LLEOL EISTEDDFOD
> GENEDLAETHOL :: LLANDYBIE
>
> # CYNGERDD
> ## Y CYNGHREIRIAID
>
> dan nawdd y Pwyllgor uchod
> **NOS SADWRN, AWST 5, 1944 am 6 o'r gloch**
>
> Llywydd: Y Barnwr G. Clark Williams, K.C.
>
> *Artistiaid:*
> **CÔR BYDDIN Y PWYLIAID**
> (*Arweinydd:* Lieut. J. Rolaczkowski)
> LIEUT. M. NOWAKOWSKI
> LISA FUCHSOVA
> RENÉ SORIA
> EDWARD KILENYI
> GERRY SCHURMANN
>
> *Cyfeilydd:* CHARLES CLEMENTS, Ysw., Mus. Bac., F.R.C.O.
> *Arweinydd:* CLYDACH.
>
> Dymuna Pwyllgor Lleol Eisteddfod Genedlaethol Llandybïe ddiolch i'r Cyngor Prydeinig am ei gynhorthwy gwerthfawr; ac i Lywodraethau'r Cynghreiriaid am eu cydweithrediad i wneud y Cyngerdd hwn yn llwyddiant.
>
> PRIS—SWLLT

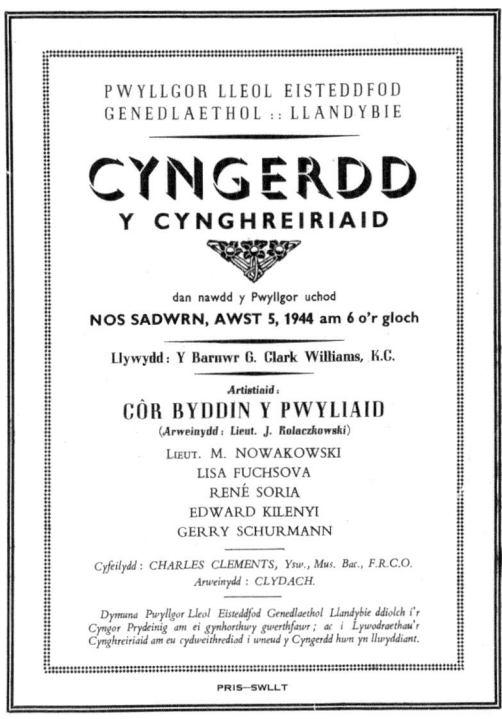

Clawr blaen Rhaglen y Gyngerdd.

Roedd pob tocyn wedi'i werthu, ac yn ôl y disgwyl, byddai yn agos i 800 o bobl yn gwneud eu ffordd i'r Neuadd Goffa. Pris mynediad y noson oedd swllt (tua 5 ceiniog yn arian heddiw), ac am y swllt hwnnw byddai'r mynychwyr yn cael rhaglen goffa yn cynnwys holl fanylion y noson. Yr unig nodyn i atgoffa dyn am sefyllfa gythryblus y cyfnod oedd y geiriau canlynol mewn teip mân ar y dudalen glawr:

"Dymuna Pwyllgor Lleol Eisteddfod Genedlaethol Llandybïe ddiolch i'r Cyngor Prydeinig am ei gynhorthwy gwerthfawr; ac i Lywodraethau'r Cynghreiriaid am eu cydweithrediad i wneud y Cyngerdd hwn yn llwyddiant."

"A EI DI I LANDYBÏE?"

PROGRAMME

Part 1

"MAE HEN WLAD FY NHADAU"

I.—GERRY SCHURMANN: Pianoforte Solo
"Sonata No. I for Piano" .. .. *Gerry Schurmann*

II.—ANNA SUNDT: Soprano Solo
Norwegian Group of Songs.

III.—POLISH ARMY CHOIR (*Conductor*—LIEUT. J. KOŁACZKOWSKI).
(1) "Gaude Mater Polonia" (Rejoice Mother Poland) *G. G. Gorczycki*
A good specimen of religious polyphonic music from the Eighteenth Century. For its hymnic character it is usually sung at State and Church Ceremonies.
(a) "Warszawianka" (Song of Warsaw)
by K. Kurpinski, arr. *Kolaczkowski*
This song is very similar to the French "Marseillaise," and in fact was composed to express the same feelings during the first Polish insurrection in 1831, which was to restore independence. It is a revolutionary march which has played an important role in our past history, especially in our Polish-German Campaign in September, 1939, and was, as it is now, adopted as a National War Song.
(3) "Polish Underground Hymn" .. .. *Aniela-Pochmurny*
A copy of the song has been smuggled out of Poland and brought to this country.

IV.—EDWARD KILENYI: Pianoforte Solo
The "Revolutionary" Study in C Minor.
F Sharp Nocturne .. .. *Chopin*

V.—RENE SORIA: Tenor Solo
La Procession .. .. *César Franck*
Le Mariage des Roses .. .. *César Franck*

VI.—MARIAN NOWAKOWSKI: Bass Solo
(1) "Within these Sacred bounds"
From the Opera "The Magic Flute" .. .. *Mozart*
(a) "Rogues like you." From the Opera "Il Seraglio" .. *Mozart*

VII.—LISA FUCHSOVA: Pianoforte Solo.

VIII.—POLISH ARMY CHOIR
(1) "Polish Barners" .. .. *W. Lachman*
(2) "Londonderry Air" .. .. .. arr. *J. Kolaczkowski*
(3) "Forward to Battle" .. .. *St. Zając*

Part 2

PRESIDENT'S ADDRESS.

IX.—EDWARD KILENYI: Pianoforte Solo
XIIth Hungarian Rhapsody .. .. *Liszt*

X.—RENE SORIA: Tenor Solo
Panis Angelicus .. .. *César Franck*

XI.—LISA FUCHSOVA: Pianoforte Solo

XII.—ANNA SUNDT: Soprano Solo.

XIII.—POLISH ARMY CHOIR
(1) "The Bonnie Banks of Loch Lomond" .. *Trad. arr. J. Kolaczkowski*
(a) "Podkoweczki" (The fiery spurs). .. *Trad. arr. J. Gall*
A typical example of Oberek, a Polish Folk Dance. The title is connected with the custom to strike the heels when dancing.
(3) "Czerwony Pas" (The Red Belt) .. *Trad. arr. H. Hasowitz*
For Bass Solo and Chorus.
A Folk Song from the East Carpathian mountains, based on the mountaineers dance, partly slow, partly gay and vivid. This song expresses the mountaineers life, who is specially proud of his red belt and loves his beautiful mountains and the torrents in the deep valleys.
(4) "Dafydd y Garreg Wen" .. .. *Trad. arr. J. Kolaczkowski*
(5) "Jack drinks to Jacob" .. *Trad. arr. B. Wallek-Walewski*
This song is an example of a Polish drinking song.

XIV.—MARIAN NOWAKOWSKI. Bass Solo:
(1) "Deep River" .. .. *H. T. Burleigh*
(a) "'Tis the Day" (Martinata) .. .. by *R. Leoncavallo*

XV.—GERRY SCHURMANN: Pianoforte Solo
Theme and Variations .. .. *Sighenhorst Meyer*

XVI.—POLISH ARMY CHOIR.
(1) "An Eriskay Love Lilt." For Bass Solo and Chorus.
Trad. arr. Roberton-Kolaczkowski
(a) "Old England." Selection. .. .. *Trad. arr. J. Kolaczkowski*

"MAE HEN WLAD FY NHADAU."

Y dduy dudalen ganol yn dangos Rhaglen y Gyngerdd.

62

Y CYNGERDD AGORIADOL

Ar wahân i'r clawr, mae gweddill y rhaglen, sy'n cynnwys hanes y côr a'r artistiaid i gyd yn Saesneg. A dweud y gwir, roedd yna naws Seisnigaidd iawn i'r noson yn ei chyfanrwydd gan i bob dim gael ei gyflwyno trwy gyfrwng yr iaith honno, a hyn er gwaetha'r ffaith bod yna 'Rheol Uniaith' yn aros i'w chyflwyno. Efallai bod Saesneg yn gweddu i'r noson gan fod cymaint o dramorwyr yn westeion, pwy a ŵyr? Yn y rhaglen mae darnau go faith am hanes pawb ochr yn ochr â llun. Dyma dalfyriad o'r hyn a nodir yn y Gymraeg ynghyd â'r lluniau fel blas o'r noson a gynhaliwyd:

Prif atyniad y noson oedd CÔR BYDDIN Y PWYLIAID. Sefydlwyd y côr yn y cyfnod y gwnaethant ymgynnull mewn gwersyll yn yr Alban, yn dilyn eu brwydrau trychinebus yn Ffrainc, cyn croesi i Brydain Fawr. Y sbardun iddynt ddechrau canu oedd eu hymdrechion i oresgyn yr hiraeth oedd arnynt am eu gwlad a'u hanwyliaid. Wedi cychwyn digon diymhongar o ddiddanu eu cyd-filwyr o fewn eu gwersyll, daeth y galw arnynt i roi perfformiadau o flaen milwyr dieithr mewn gwersylloedd cyfagos, cyn ymledu eto i gynnal nosweithiau cyhoeddus.

Ymddangosodd y côr ar lwyfan cyhoeddus am y tro cyntaf yn 1940. Erbyn cyrraedd Llandybïe, roedd y côr hwn wedi gwneud recordiau a darllediadau radio yn ogystal â thros 400 o gyngherddau! Eu nod oedd codi cymaint o arian â phosib i helpu'r Gronfa Rhyfel a'r Achos Genedlaethol. Yn ôl eu llefarydd, canu oedd eu dull o ymestyn diolch ar ran pobl Gwlad Pwyl i bobl Prydain Fawr am ddangos cymaint o garedigrwydd tuag atynt yn ystod blynyddoedd y rhyfel. Mae'n debyg mai anhawster pennaf eu harweinydd oedd cadw yr un aelodau o'i gôr dros gyfnod gan mai milwyr oeddynt, ac yn ôl natur eu swydd, ni wyddai neb o lle na pha bryd y deuai'r alwad nesaf arnynt i ymuno â'r frwydr.

Arweinydd y côr oedd yr Is-Gapten J. Kolaczkowski, cyn-gyfarwyddwr cerdd yr Orsaf Ddarlledu yn Lwow. Roedd Kolaczkowsci yn gyfansoddwr dawnus, a chan ei bod hi bron yn amhosibl dod o hyd i weithiau cerddorol o Wlad Pwyl adeg y rhyfel, roedd trefniant cerddorol y côr i gyd yn ffrwyth llafur ei arweinydd disglair.

Cyfeiriwyd at unawdydd y côr fel talent aruthrol. Roedd y baswr, Marian Nowakowski, eisoes wedi gwneud cryn dipyn o waith gyda'r BBC ac wedi cael ei hyfforddi gan faswr byd enwog arall o Wlad Pwyl, sef A. Didur. Daeth Nowakowski yn enwog yn y wlad hon trwy ei amryw berfformiadau ar y radio, lle bu'n canu o dan yr enw, Marian Zygmunt. Bu safon uchel ei berfformiadau a'i lais melfedaidd yn gyfrwng i'w wneud maes o law yn un o faswyr blaenllaw Prydain Fawr. Mae'n anhygoel credu felly iddo ymddangos ar lwyfan mewn neuadd bentref yng Nghymru yn 1944.

Pianydd enwog o Wlad Tsiecoslofacia oedd LISA FUGHSOVA. Treuliodd nifer o flynyddoedd yn dadansoddi cerddoriaeth gyfoes Prydain Fawr yng Nghanoldir Ewrop. Bu am gyfnod yn unawdydd piano gyda Cherddorfa Philarmonic ei gwlad ac ymddangosodd am y tro cyntaf ar lwyfan pan oedd ond 14 oed yn neuadd Smetana, un o'r neuaddau prydferthaf yn Prague.

Lisa Fughsova

Roedd y perfformiad hwn yng nghwmni Valac Talich, arweinydd enwog Cerddorfa Philarmonic Tsiecoslofacia. Bu'n berfformwraig boblogaidd yn Vienna, Budapest, Belgrade, Paris, Yr Iseldiroedd a'r Swistir. Ymddangosodd am y tro cyntaf ym Mhrydain Fawr yn Neuadd y Frenhines, Llundain, yn 1938. Yn dilyn y perfformiad hwnnw, dychwelodd adre gan chwarae yn Prague bedwar diwrnod yn union cyn i fyddinoedd Hitler ymdeithio trwy'r wlad. Symudodd i fyw ym Mhrydain Fawr yn 1939, a bu galw mawr arni i berfformio ar hyd a lled ei gwlad fabwysiedig.

Ganwyd tenor y noson, RENE SORIA yn Ffrainc. Ffrancod oedd ei rieni, er iddynt symud i fyw yn Algeria. Ar ddechrau'r rhyfel bu'n astudio yn Paris o dan ofal Gabriel Pouler (Conservatoire Paris). Amharwyd ar ei astudiaethau gan gyfnod o wasanaeth milwrol. Yna, ailgydiodd yn ei addysg gerddorol yn y Conservatoire National yn Lyon, y ddinas lle bu'n cydweithio â Mudiad y Gwrthsafiad o 1941 tan 1943. Ym mis Mawrth y flwyddyn honno, pan oedd yn gweithio yn Nhŷ Opera Lyon, bu rhaid iddo ddianc o Ffrainc i osgoi gwrthdaro â'r gweithwyr o'r Almaen o fewn y wlad.

Ym mis Rhagfyr 1943, yn dilyn llawer o galedi, a saith mis mewn carchar yn Sbaen, cyrhaeddodd Llundain a dod o dan adain Mme. Maggie Teyte (aelod o Gwmni Opera Covent Garden a'r 'Opera Comique' a hefyd yn ddisgybl i Jean de Reske). Roedd ef bellach heb fod yn ddigon iach i ailymuno â'r fyddin, ac felly dychwelodd i ganu o dan diwtoriaeth Mme. Teyte. Yn ogystal â disgleirio fel canwr roedd Rene hefyd wedi ymddangos mewn nifer o ffilmiau.

Rene Soria

Pianydd enwog, EDWARD A. KILENYI yw'r nesaf ar y rhaglen. Cafodd ei addysg gynnar yn Budapest, ac ers ei blentyndod bu'n astudio canu'r piano o dan yr athro Ernst Van Dohnanyi. Dechreuodd ganu'r piano pan oedd ond tair blwydd oed. Maes o law bu hefyd yn fyfyriwr yn y Coleg Cerdd Brenhinol. Er 1928,

Edward A. Kilenyi

bu Edward A. Kilenyi yn ymddangos ar lwyfannau neuaddau enwocaf Ewrop, gan gynnwys mynd ar daith Brydeinig gyda Syr Thomas Beecham a chyfeilio yn Covent Garden.

Gerry Schurmann

Roedd y cyfansoddwr enwog, GERRY SCHURMANN yn enedigol o Java, yr Iseldiroedd ar ynysoedd India'r Dwyrain. Bu'n astudio cyfansoddi gydag Ian Zwart, ac wedi hynny'n ddisgybl piano gydag Alfred Cartot. Bu'n aelod o'r Llu Awyr o 1941 tan 1943. Bu'n rhoi perfformiadau o'i waith yn Ffrainc, America a Phrydain Fawr gyda'i gyfansoddiadau yn cynnwys y Cylch Caneuon, 'Pacific' (1943), Llinynnau i Bedwarawd Rhif 1 (wedi ei gomisiynu gan Ei Mawrhydi, Y Frenhines Wilhelmina) 1943, 'Ouvertura' i Gerddorfa (1944), a Sonata Rhif 1 i Biano (1944). Cynhaliwyd perfformiadau cyntaf o'i gyfansoddiadau gan Joy McArden, Y Pedwarawd Hirsch, Eda Kersey a Kathleen Long yn Neuadd Wigmore, Llundain, a hefyd i'r BBC.

Soprano enwog o Norwy oedd ANNA JEANS SUNDT. Cafodd ei haddysg gerddorol ym Mharis a Llundain. Rhoddwyd iddi rannau blaenllaw mewn Cyngherddau Enwogion ar draws dinasoedd Ewrop. Ymddangosodd yn gyson yn Theatr y Stoll yn Llundain a hefyd yn Neuadd Wigmore. Mae'r rhaglen yn ei chanmol am ei pharodrwydd i roi o'i gwasanaeth i helpu achosion y Lluoedd Arfog.

Y Barnwr G. Clark Williams, brodor yn wreiddiol o Lanelli, oedd llywydd y noson; y cyflwynydd oedd Mr Clydach Thomas gyda Mr Charles Clements yn cyfeilio.

Anna Jeans Sundt

Anaml y gwelir unrhyw gyngerdd lle mae'r un Anthem Genedlaethol yn cael ei chanu ar ei dechrau ac ar ei diwedd. Dyna'n union a ddigwyddodd yn y cyngerdd arbennig hwn, gan ar y cychwyn ymunodd y gynulleidfa gyda Chôr y Pwyliaid i ganu 'Hen Wlad fy Nhadau', ac yna ar y diwedd bu'r gynulleidfa, y côr a'r artistiaid eraill yn ei chanu yn glo ar y noson.

Mae'n ffaith ryfeddol bod Cyngerdd Agoriadol Eisteddfod 1944 wedi denu cantorion mor safonol ac uchel eu parch ar lefel ryngwladol i berfformio mewn pentref gwledig a di-nod fel Llandybïe.

Ar ddiwedd y noson, diolchodd Llywydd y Noson, Y Barnwr G. Clark Williams, i'r artistiaid am gyfareddu'r gynulleidfa gyda pherfformiadau o gerddoriaeth mor swynol. Ychwanegodd fod y pleser wedi cynyddu wrth weld a gwrando ar bobl mor hapus eu cydwybod mewn gŵyl mor hanesyddol ar achlysur arbennig ym mywydau pobl Sir Gaerfyrddin a Chymru. Y Parch. D. T. Davies, Ficer Llandybïe a'r brawd Alun Talfan Davies oedd y ddau a gynigiodd y bleidlais o ddiolch ar ran pawb oedd yn bresennol.

Yn ôl Alan Llwyd yn *Y Gaer Fechan Olaf*, dyma'r hyn oedd gan Is-Gadeirydd Y Pwyllgor Lleol, Alun Talfan Davies i'w ddweud am yr achlysur:

> "Cafodd ein pobl gyfle i gymharu eu safonau a'u doniau â rhai o oreuon y gwledydd tramor; cafodd y tramorwyr gyfle i wybod am Gymru a'i hunaniaeth a sylweddoli ychydig o'u delfrydau a'u dyheadau."

Does ryfedd bod rhai o hynafgwyr y pentref yn dal i sôn hyd at heddiw bod rhai o filwyr Gwlad Pwyl wedi bod yn canu ar hyd y strydoedd ymhell wedi i'r cyngerdd orffen. Dyna oedd gwir effaith y noson, Cymru yn dod yn un â'r byd ar adeg rhyfel. Ond dim ond dechrau'r fwydlen gerddorol ar gyfer yr wythnos oedd Cyngerdd y Cynghreiriaid, oherwydd fel y cawn weld yn y man, roedd llawer mwy o gerddoriaeth i'w chanu yn Eisteddfod Llandybïe.

Yn dilyn nos Sadwrn Cyngerdd y Cynghreiriaid, diwrnod o addoliad a gorffwys oedd y Sul canlynol. Yn wahanol i'r hyn sy'n digwydd heddiw, doedd yna ddim cystadlu ar y Saboth yn y dyddiau hynny. Serch hynny, traddodiad sydd wedi goroesi yw cynnal oedfa foreol. Cynhaliwyd Oedfa Eisteddfod Genedlaethol Llandybïe, yn y Neuadd Goffa, ar y 6ed o Awst, 1944, am 11.45 y bore. Cafwyd anerchiad gan y Parch. Robert Beynon, Abercrâf, a noddwyd yr oedfa gan Gosen, Capel Methodistiaid y pentref. Darlledwyd yr oedfa gan y BBC a oedd yn trosglwyddo'r cyfan o'i stiwdio dros dro o barlwr 'Recreation View', Heol y Goedlan, gyferbyn â'r neuadd.

Ar yr un noson, darlledwyd oedfa hwyrol o'r neuadd am bum munud wedi pump gyda'r gwasanaeth o dan arweiniad y Parch. Nantlais Williams, Rhydaman, ynghyd â Chantorion Gorllewin Cymru.

Heb unrhyw amheuaeth, roedd y penwythnos agoriadol wedi profi'n glir y gallai'r pentref a'r dalgylch osod sylfeini cadarn iawn yn eu lle ar gyfer wythnos o gystadlu oedd i ddod yn Eisteddfod Genedlaethol Llandybïe 1944.

'STEDDFOD Y CYFRYNGAU

Mae'r mwyafrif o hynafgwyr y pentref yn dal i gyfeirio at Brifwyl Llandybïe fel "'Steddfod y Cyfryngau." Bellach, arwydd di-lun â'r geiriau "Eisteddfod Genedlaethol Llandybïe 1944," arno, yn hongian o flaen y llwyfan yn y neuadd, yw'r unig dystiolaeth sydd ar ôl i atgoffa'r ymwelwyr bod y lle hwn unwaith wedi bod yn fan cynnal prifwyl ein cenedl. Ar y llaw arall, cofion pennaf y sawl a brofodd gwefr yr wythnos yw, nid yr arwydd yma, ond yr atgof byw o weld pencadlys dros dro y BBC yn trosglwyddo pigion yr Ŵyl i genedl gyfan o barlwr tŷ gyferbyn â'r neuadd. Roedd hyn, medd llawer, yn rheswm digonol i'w bedyddio fel "'Steddfod y Cyfryngau."

Yn nhyb llawer, camarweiniol yw rhoi'r enw hwn ar Eisteddfod Llandybïe gan i ni grybwyll eisoes mai Eisteddfod Genedlaethol Aberpennar 1940, oedd "Eisteddfod y Cyfryngau" wreiddiol. Daeth y brifwyl honno i fodolaeth, er gwaethaf rhwystredigaethau'r rhyfel, pan ddaeth Cyngor y Brifwyl a Swyddogion y BBC at ei gilydd a phenderfynu cynnal eisteddfod radio yn lle gohirio Eisteddfod Aberpennar yn gyfan gwbl.

Priodas go anniddig oedd honno rhwng y Cyngor a'r BBC ar y cychwyn. Yn ôl Alan Llwyd yn *Y Gaer Fechan Olaf*, yn Eisteddfod Bae Colwyn 1941, y teimlad oedd bod y darllediadau ar amser penodedig yn torri ar draws rhediad yr Ŵyl! Canlyniad i hyn oedd bod yna fylchau yn datblygu yn ystod rhaglen y dydd oedd eisoes wedi ei threfnu o flaen llaw. Bu'r anghydweld hwn yn mudlosgi tua'r wyneb eto yn ystod Eisteddfodau Aberteifi 1942 a Bangor 1943.

Yr un fu'r sefyllfa adeg Eisteddfod Llandybïe hefyd. Roedd hawliau darlledu trwy gyfrwng y Gymraeg yn bwnc trafod bellach, ac yn ystod wythnos yr Eisteddfod bu trafodaeth ar ddyfodol radio yng Nghymru dan adain Undeb Cymru Fydd. Yn naturiol, dadlau o blaid cael Corfforaeth Radio Cymraeg wnaeth Gwynfor Evans, a dyma oedd ganddo i'w ddweud wrth ddwyn atgofion am yr achlysur yn *Bywyd Cymro*, 1982:

> "Bu creu sefydliadau Cymraeg yn un o'n hamcanion erioed. Roedd hyn yn arbennig o bwysig ym maes radio am mai hwn oedd y cyfrwng cyfathrebu grymusaf hyd at ddechrau'r chwedegau pan ddaeth teledu yn gyffredin. Nid yw'n hawdd heddiw sylweddoli pa mor rymus y bu. Yn Eisteddfod Llandybïe yn 1944 rhoeswn ddarlith i lond capel o bobl dan nawdd y Pwyllgor Diogelu ar y *Radio yng Nghymru*. Fe'i cyhoeddwyd yn Gymraeg ac yn Saesneg, ac yn ôl Tom Ellis gwerthodd ddeng mil o gopïau."

Aeth gam ymhellach trwy erfyn ar bob Aelod Seneddol Cymreig i bwyso ar y Llywodraeth i gydnabod hawliau Cymru pan ddeuai'r amser i adnewyddu siartr y Gorfforaeth yn 1946.

Yn 1944, gyda'r dogn tanwydd mewn grym, fel sydd eisoes wedi'i nodi, dadleuai llawer fod pentref gwledig fel Llandybïe yn ddiarffordd ac yn anodd i'w gyrraedd o dan y fath amgylchiadau. A dyma'r BBC yn achub y dydd am yr eildro o fewn pedair blynedd trwy gynnig darlledu cymaint â chwech awr a hanner o'r Eisteddfod ar raglenni cartref ac i'r lluoedd yn ystod yr Ŵyl. Does ryfedd felly yr adnabyddir Eisteddfod Llandybïe hefyd gan lawer fel Gŵyl y Cyfryngau (gweler Atodiad 2).

Pobl anodd i'w plesio ydym ni'r Cymry. Er yr holl ymdrechion i oresgyn problemau teithio'r cyfnod trwy fynd â blas y brifwyl i gartrefi'r genedl, y gŵyn newydd oedd bod darllediadau'r Gorfforaeth yn ymyrryd â'r Eisteddfod. Yn ôl Alan Llwyd yn *Y Gaer Fechan Olaf*, arweinydd y garfan fu'n cwyno oedd awdur colofn y 'Ford Gron', un o brif ohebwyr *Y Cymro*! Awgrym y 'Ford Gron' oedd mai gwell fyddai cael pigion wedi'r ŵyl yn hytrach na'r darllediadau byw. Cwynai hefyd am ansawdd y sain. Yr hyn a ryfeddai fwyaf yn ei gylch oedd y ffaith nad oedd unrhyw welliannau wedi'u gwneud yn sgil symud yr Eisteddfod o bafiliwn mawr i neuaddau llai o faint. Gwelir yn eglur felly, mai tymhestlog fu taith y brifwyl yn ystod y dyddiau hyn, ond er gwaetha anobaith dyddiau tywyll y rhyfel a'r anghydweld, roedd Gŵyl Llandybïe ar fin cychwyn wythnos lwyddiannus a diddorol yn hanes y sefydliad.

PIGION
WYTHNOS

Wedi'r hir ddisgwyl a chodi gobeithion, fe gadwodd y Pwyllgor Lleol at yr amod i gynllunio prifwyl dros bum niwrnod, a thrwy wneud hynny, gadw at yr addewid a wnaed gan y Cadeirydd yn rhifyn Ionawr o'r *Llandybïe Times*:

"Dyma mi gredaf, fydd rhaglen yr wythnos, er wrth gwrs, ni ddaethpwyd i benderfyniadau terfynol eto. Dechreuir yr Ŵyl drwy agor yr Arddangosfa ar fore Llun, Gŵyl y Banc. Gobeithir gweld yr Uwchgapten Gwilym Lloyd George, Gweinidog y Goron, yno i'w hagor. Bore Llun hefyd ceir rhai o gystadlaethau'r plant, ac yn y prynhawn holl seindyrf Cymru yn cystadlu am wobrwyon Cenedlaethol. Nos Lun fe fydd Cyngerdd y Plant ag ysgolion yr ardal yn cyduno o dan arweiniad Mr Elfed Lewis, Tycroes. Dydd Mawrth ceir rhagor o gystadlaethau'r plant yn y bore ac yn y prynhawn cystadleuaeth Drama i'r plant . . . Y noson honno fydd Cyngerdd Côr yr Eisteddfod o dan arweiniad Mr Gwilym R. Jones. Yn ystod Mercher, Iau a Gwener cynhelir yr Eisteddfod fel yr hysbyswyd eisoes. Nos Fercher, ceir Cyngerdd Cyngor yr Eisteddfod. Nos Iau perfformiad nodedig o'r ddrama newydd 'Wedi'r Drin', gan Gwmni Drama'r Eisteddfod Genedlaethol gyda Mr D. T. Rosser yn gynhyrchydd. Nos Wener, fe fydd Côr yr Eisteddfod yn perfformio gwaith arall ac ymhlith yr unawdwyr eraill ceir Madam Decima Morgan Lewis a Mr J. Ambrose Lloyd. Drwy gydol y Sadwrn cynhelir Cymanfaoedd Canu a Dan Jones o Bontypridd yn brif arweinydd."

"A EI DI I LANDYBÏE?"

Band Arian Rhydaman o dan arweiniad Mr Hywel Evans yn perfformio yn ystod Agoriad Swyddogol yr Arddangosfa yn yr Ysgol Uwchradd Fodern Newydd.

Mr Alun Talfan Davies yn cyflwyno yr Uwchgapten Gwilym Lloyd George, A.S., i'r gynulleidfa ar achlysur agor Arddangosfa'r Ŵyl.

"A EI DI I LANDYBÏE?"

Y Gweinidog Tanwydd ac Ynni, yr Uwchgapten Gwilym Lloyd George, A.S., ar achlysur agor Arddangosfa'r Ŵyl ar y bore dydd Llun.

Ymwelwyr yn yr Arddangosfa.

DYDD LLUN

Yn dilyn gorfoledd Cyngerdd y Cynghreiriaid ac yna urddas Gwasanaethau'r Sul, fe gyrhaeddodd bore Llun a chychwyn go iawn Eisteddfod Genedlaethol Llandybïe, 1944. Dyma sut y disgrifiodd un papur lleol yr achlysur arbennig hwn:

> "Llandybïe's normal population at about 2,500 has been increased this week by thousands of visitors. Everyone connected with the festival has been stimulated by the thought that this this is likely to be the last war time eisteddfod . . . The event promises to be a great success and the programme is a triumph of organisation achieved as one of our dailies puts it, in the most difficult circumstances. It is good to learn, too, that all the seats in the Memorial Hall, where the festival is being staged, have been booked and there is every indication that the facilities for hearing the Welsh people at their best in music, song, literature and speech are satisfactory."

Llywydd y Dydd ar y diwrnod cyntaf oedd yr Archdderwydd Crwys, a gornest y bandiau pres ynghyd â rhai o gystadlaethau'r plant oedd arlwy'r dydd Llun agoriadol. Chafodd neb eu siomi o ran nifer y bandiau oedd yn bresennol nac ychwaith gan safon y perfformiadau. Gwyddom i'r cystadlu gychwyn am hanner awr wedi deuddeg y prynhawn a bod wyth o fandiau yno. Beirniad y gystadleuaeth oedd y Doctor Denis Wright, ac yn y safle cyntaf fe osodwyd Band Pres Park and Dare, Band Pres Ystalyfera yn ail a

Band Gwauncaegurwen yn drydydd. Cyfanswm y gwobrau i'r gystadleuaeth oedd pum deg pum punt.

Ymhlith y cystadlaethau eraill ar y diwrnod cyntaf, roedd yna ddwy ornest nad oes sôn amdanynt o fewn rhaglenni cyfoes, sef 'Cystadleuaeth Plethu Rhaff' a 'Chystadleuaeth Gwaith Coed'. Cysylltir y campau hyn â'r diwydiant glo, ac mae cyflwr presennol y diwydiant hwnnw yn ddigon o esboniad paham nad yw cystadlaethau felly yn cael eu cynnwys yn eisteddfodau'r unfed ganrif ar hugain! Enillwyr Cwpan Eliot ym Mhrifwyl Llandybïe am Blethu Rhaff oedd Pwll Glo y Steer, Gwauncaegurwen. Daeth Pwll Glo Pencae'r Eithin, Llandybïe, yn drydydd yn yr un gystadleuaeth.

T. Rowlands, o Garway, Sir Gaerfyrddin, oedd yn fuddugol yn y 'Gystadleuaeth Gwaith Coed'. Sylwer yn y fan hyn fel yn y mwyafrif o gystadlaethau eraill y Brifwyl, mai deheuwyr oedd y rhan fwyaf o'r enillwyr.

Yn ddiau, prif atynfa'r diwrnod cyntaf oedd agoriad swyddogol Arddangosfa'r Ŵyl gan Weinidog Tanwydd ac Ynni'r Llywodraeth, yr Uwchgapten Gwilym Lloyd George, A.S. Cyfeiriodd Alun Talfan Davies, Is-Gadeirydd y Pwyllgor Lleol, wrth ei gyflwyno, na fyddai'r un eisteddfod yn gyflawn heb gael aelod o deulu Lloyd George yn bresennol ynddi. Cynhaliwyd yr Arddangosfa yn yr Ysgol Uwchradd Fodern newydd gerllaw cae'r Orsedd. Mae'n debyg bod nifer fawr o bobl wedi mynychu'r lle trwy gydol yr wythnos. Cymaint oedd y brwdfrydedd a'r edrych ymlaen at yr Arddangosfa nes i Gadeirydd y Pwyllgor Gwaith, D. L. Thomas, nodi mor gynnar â mis Ionawr 1944 yn y *Llandybïe Times*:

"Y mae'n bosibl y bydd yr Arddangosfa yn fwy o beth na hyd yn oed yr Eisteddfod! Hynny yw, os llwydda'r Pwyllgor i gael yr holl amcanion i ben. Efallai y bydd yr Arddangosfa hon yn fendith i'r ardal nid yn unig fel rhywbeth i'w weld ond hefyd fel modd i dynnu sylw Cymru a Lloegr at adnoddau a chyfoeth yr ardal. Pwy a ŵyr na welir diwydiant newydd yn Llandybïe ar ôl yr Arddangosfa hon?"

Rhaid wrth ddiwydiant a diwylliant. Yn ôl sylwadau ambell un, roedd peth ansicrwydd dros deitl swyddogol yr arddangosfa, gan i rai gyfeirio ati fel yr Arddangosfa Ddiwydiannol, eraill fel Arddangosfa Celf a Chrefft, ac fe'i gelwid gan lawer yn Arddangosfa'r Gymru Newydd! Er gwaetha'r ansicrwydd, yr hyn y gellid ei nodi yw bod yna elfennau o'r tri yn perthyn iddi, yn ogystal â naws arddangosfeydd Eisteddfodau Robert Owen o'r ganrif flaenorol.

Prif amcan yr Arddangosfa oedd edrych i ddyfodol economaidd Cymru wedi i'r rhyfel orffen. Yn yr Arddangosfa roedd enghreifftiau o'r offer a ddefnyddiwyd gan y glowyr wrth eu gwaith, manylion ynglŷn â'r rhinweddau a berthyn i'r glo a gloddiwyd yn lleol ynghyd â'r cynnydd oedd yn digwydd o'i ddefnydd mewn diwydiant a hefyd yn y cartref. Cafwyd eglurhad am y gwahanol fathau o danwydd y gellid eu cynhyrchu o lo, a disgrifiadau manwl o'r dyfeisiadau oedd yn dibynnu ar y tanwydd hwn. Dangoswyd hefyd y defnydd arall y gellid ei wneud o'r glo yn y byd masnachol. Ymneilltuwyd un adran o'r Arddangosfa i dynnu sylw at ganlyniadau diweddaraf yn yr ymdrech i wella gelyn pennaf y glöwr sef, Clefyd y Llwch (*Pneumoconiosis*). Serch hynny, does yr un amheuaeth mai prif atynfa'r Arddangosfa oedd model o lofa fodern wedi ei saernïo'n gywrain gyda'r holl fanylion yn eu lle a'r cyfan yn gweithio'n berffaith. Adeiladwyd y campwaith hwn gan ŵr lleol, Mr Owen Rowlands o Rydaman, ac mae'n debyg iddo dreulio deuddeng mlynedd yn cwblhau'r gwaith! Gwnaed cais cyn diwedd yr wythnos gan un o'r ymwelwyr tramor, sef, Ysgrifennydd y Llysgenhadedd Sofietaidd yn Llundain, M. Karavaev, am gael mynd â'r model i'w arddangos ar daith trwy Rwsia. Fel rhan o'r Gymru newydd hefyd, dangoswyd cynlluniau a modelau o'r math o gartrefi y disgwylir eu hadeiladu wedi'r rhyfel, gyda'r pwyslais bellach ar arbed tir a chreu fflatiau uchel.

Teyrnged i artistiaid lleol oedd thema'r Adran Gelf. Dangoswyd nifer o arluniau ochr yn ochr â chrefftwaith oedd yn adlewyrchiad o ddiwydiant bro. Roedd hyn yn cynnwys deunydd o ffatri wlân Cwmllwchwr, gwaith copor gan athro lleol a ffyn cerdded o bob math gyda rhai wedi eu haddurno ag adnodau o'r Beibl. Dangoswyd teganau hefyd o waith ffermwyr y fro. Yn Adran y Plant, cafwyd arddangosfa o waith cyfoes gan ddisgyblion ysgolion y plwyf yn ogystal ag enghreifftiau o waith disgyblion o Neuadd Pantglas ochr yn ochr â samplau o frodwaith plant yr hen Ysgol Fonedd Glynhir. Er nad oedd yr achlysur o'r un maint ag Arddangosfeydd Eisteddfodau heddiw, dylid dwyn i gof mai llafur cariad tri swyddog a dyrnaid o bwyllgor heb unrhyw help asiantaethau cenedlaethol oedd yn gyfrifol am lwyfannu'r cyfan yn Eisteddfod Llandybïe 1944.

Cadwodd y Gweinidog Gwilym Lloyd George, A.S., ar drywydd "Y Byd Newydd" gyda'i anerchiad agoriadol, hynny yw, y newid byd oedd i ddigwydd wedi'r rhyfel. Yn ôl y Gweinidog, os mai dymuniad y bobl oedd bod yn rhan o'r newid hwnnw, yna byddai'n rhaid cynllunio'n ofalus i dderbyn y fath newid. Galwodd am gael ychwaneg o ddiwydiannau gan nad oedd y diwydiant glo ac amaeth yn mynd i fod yn ddigon i'w cynnal i'r dyfodol. Yn naturiol, y diwydiant glofaol a ddenodd ei sylw'n bennaf yn y rhan hyn o'r wlad. Cwynodd fod pris y glo yn llawer rhy rhad a bod llawer o wastraff adnoddau. Aeth yn ei flaen i glodfori ymdrechion y glöwr gan nodi bod y glo a gloddiwyd ganddo adeg heddwch bellach yn gyfrwng i greu dur ar gyfer arfau.

Yn dilyn ei gyflwyniad symudodd yn ei flaen i ymdrin â phwnc a achosai bryder i bob glöwr, sef Clefyd y Llwch. Cyfaddefodd mai ychydig iawn o wybodaeth oedd ganddynt am y clefyd echrydus hwn. Dywedodd mai un o'r pethau cyntaf a wnaeth wedi ei benodi i'r swydd oedd gwrando ar swyddog yn rhoi darlith ar y pwnc. Doedd dim wedi peri cymaint o loes iddo na gweld y dioddefaint a ddaeth yn sgil y fath ddolur. Ychwanegodd ei fod yn benderfynol i wneud pob dim o fewn ei allu i ddod o hyd i ffyrdd i arbed y glöwr rhag y fath ddioddefaint. Ar yr ochr feddygol, cadarnhaodd fod pob ymgais i'w drechu yn mynd yn ei flaen. Sicrhaodd fod cymaint o waith ymchwil a oedd yn bosibl yn cael ei wneud, a'r gobaith oedd dod o hyd i ddull o osgoi'r clefyd yn y lle cyntaf ac yn bennaf i greu'r feddyginiaeth i'w wella. Mawr hefyd oedd y gobaith y byddai'r arbrofion a gynhaliwyd yn Neheubarth Cymru yn lledu dros Brydain Fawr. Gorffennodd yr hyn roedd ganddo i'w ddweud trwy longyfarch y bobl leol ar eu hymdrechion i gynnal y fath Arddangosfa o fewn y Brifwyl. Tybed a oedd y fath lwyddiant yn cynnig posibiliadau mawr i'r dyfodol? Digon yw dweud i'r araith blesio pawb, gan fod y gwleidydd craff wedi dal ar y cyfle i roi hwb ymlaen i boblogrwydd ei Weinyddiaeth a hefyd iddo yntau'i hunan.

Gŵr arall â chysylltiad â'r Weinyddiaeth Tanwydd ac Ynni oedd Llywydd y Prynhawn, sef y Rheolwr Rhanbarthol, Mr William Jones. Melltithiodd Mr Jones yr holl genfigen a berthyn i bob rhan o fywyd cyhoeddus Cymru, yn enwedig yn wyneb y ffaith bod cymaint o waith ailadeiladu i'w gyflawni wedi holl ddifrod y rhyfel. Roedd y wlad felly yn galw am ddiwydiannau newydd, a lle'r Cymry oedd cyd-dynnu er mwyn sicrhau bod hyn yn digwydd. Yn dilyn neges orfoleddus Gwilym Lloyd George yn ystod araith y bore, fe ddaeth William Jones â thraed pawb yn ôl i'r ddaear gyda'r hyn roedd ganddo i'w ddweud yn y prynhawn.

Daeth terfyn ar ddydd Llun cyntaf yr Eisteddfod gyda Chyngerdd y Plant a gynhaliwyd am hanner awr wedi saith yn y neuadd. Disgyblion ysgolion y fro oedd aelodau'r côr, a rhoddwyd perfformiad clodwiw o weithiau cyfansoddwyr cyfoes Cymru ynghyd â darnau o waith Purcell, Brahms a Bach. Arweinydd y côr oedd Mr Elfed Lewis, athro ysgol o bentref Saron, gyda Mrs Nansi Richards yn cyfeilio. Yn ogystal â'r côr, cafwyd eitemau gan Fand Arian Rhydaman o dan arweiniad Mr Hywel G. Evans, Parti Dawnsio Gwerin lleol a hefyd Seindorf Taro. Llywydd Anrhydeddus y noson oedd Mr T. H. Lewis, M.A., Arolygwr Ysgolion Ei Mawrhydi, a oedd yn enedigol o'r pentref. Mr Lewis ynghyd â'r Parch. Gomer M. Roberts oedd awduron y llyfryn *Yr Eisteddfod a Bywyd Bro*, a werthwyd i godi arian i gynnal yr Ŵyl. Yn ei araith yn ystod y noson, pwysleisiodd yr angen i greu bywyd grymus ac egnïol er lles y genedl, gan ychwanegu bod yr holl rinweddau hyn yn eiddo i gymdogaeth fywiog Llandybïe, pobl a ymfalchïai yn eu hanes a'u traddodiad. Roedd y noson yn ôl y disgwyl, yn glo teilwng i weithgaredd y diwrnod.

DYDD MAWRTH

Gwawriodd fore Mawrth, a chyrhaeddodd yr Orsedd y pentref. Wedi'r hir ddisgwyl a dyfalu, roedd y bobl yn mynd i gael gweld gorymdaith y beirdd am y tro cyntaf ers cyn dechrau'r rhyfel. Dyma bluen arall yng nghap Pwyllgor Lleol Llandybïe felly am gadw at eu gair! Yn wir, roedd yna gyffro trwy'r holl le gyda hyd yn oed gohebydd y papur lleol wedi ymgolli'n llwyr yn naws yr achlysur:

> "The Gorsedd ceremonial on Tuesday morning, re-enacted in full for the first time after a war time lapse of four years, created immense popular interest. The stone circle on an eminence overlooking the village was thickly populated with people, some of whom took up positions nearly an hour before the procession was due to arrive from the robing room in the village.
>
> The procession as it moved along, was watched by hundreds of people, and the whole spectacle was delightful. The Gorsedd members led by the Arch-druid Crwys, with the massive Gorsedd Sword borne in front, ascended the hill towards the circle alongside a field of corn, and made an impressive sight in their robes of white, blue and green as they took up position within the circle, marshalled by Cynan the Recorder."

Capel y Bedyddwyr, Salem yn Heol Campbell oedd y man ymgynnull ac ystafell wisgo'r Orsedd, ac felly oddi yno y byddai'r orymdaith yn cychwyn i'r cylch a hefyd i'r neuadd.

Salem, Capel y Bedyddwyr – Ystafell ymgynnull yr Orsedd.

I'r sawl a gofia'r pentre yn 1944, byddai gorymdeithio o Salem i'r neuadd neu i'r cylch yn deithiau gweddol faith. I gyrraedd y neuadd byddai'n rhaid cerdded ar hyd Heol Campbell nes cyrraedd y briffordd a redai o Rydaman i Landeilo. Yna, troi i'r dde ar y cyffordd a cherdded rhyw gan llath i gyfeiriad Llandeilo cyn troi i'r chwith i Heol y Goedlan a draw i'r neuadd. Un peth o blaid y daith hon oedd bod y ffordd yn wastad. Nid felly y daith i fyny at Gerrig yr Orsedd! Ar y siwrnai hon, byddai'n rhaid gadael Salem a mynd gyferbyn â'r daith i'r neuadd. Cerdded ychydig o'r capel i gyffordd y ffordd o Trap i Landybïe, mynd ar hyd y ffordd honno nes ymuno â'r briffordd, gorymdeithio i fyny'r rhiw heibio i dafarn y Fuwch Goch a'r Llew Coch nes cyrraedd yr heol gul sy'n arwain at yr Ysgol Uwchradd. Yna, gadael yr heol fach wedi cyrraedd yr ysgol a throedio llwybr troed ar draws cae nes cyrraedd y Cylch. (Dylid nodi nad oedd Heol Gwilym sy'n ffordd o osgoi'r pentref wedi'i hadeiladu yn 1944.) Mae'n rhaid nad oedd

PIGION WYTHNOS – DYDD MAWRTH

Ceidwad y Cledd, Emrys Cyfeiliog, yn barod i arwain yr osgordd o'r tu allan i Gapel Salem, gyda'r Arwyddfardd Sieffre Cyfarthfa, yn sicrhau trefn ymhlith y Gorseddigion.

Dinah Thomas, Mam y Fro, yn cario'r Corn Hirlais, gyda'r ddau Facwy, Arthur Morris ac Eifion Lewis. Y gŵr yn y cefndir yw D. L. Thomas, Cadeirydd y Pwyllgor Gwaith.

*Gorymdaith y Beirdd yn cerdded heibio tafarn y Llew Coch
ar hyd Heol Llandeilo tuag at Gae'r Orsedd.*

unrhyw un wedi ystyried yr anabl wrth ddewis lleoliad yr Orsedd, neu efallai roedd aelodau'r cyfnod hwnnw yn hynod o heini, gan na fentrai'r un bws gario unrhyw un ar hyd y ffordd hon fel sy'n digwydd yn flynyddol yn yr Eisteddfod Genedlaethol bellach – mynd ar droed oedd yr unig ateb!

*Aelodau'r Orsedd yn Eisteddfod Genedlaethol
Llandybïe, 1944*

Archdderwydd	Crwys
Dirprwy-Archdderwydd	"J.J"
Cyn-Archdderwydd	Elfed
	(Archdderwydd 1924-1927)
Herald Fardd	Meurig Prusor
Cofiadur	Cynan
	(Archdderwydd 1950-1953)

Arwyddfardd .... Sieffre o Gyfarthfra
Ceidwad y Cledd .... Emrys Cyfeiliog
Cyfreithiwr.. Llysor
Trefnydd yr Arholiadau .... Beili Glas
Trefnydd Cerddoriaeth .... Gwyn o'r Llan
Ysgrifennydd Cyllid .... Brynallt
Meistres y Gwisgoedd .... Telynores Rhondda
                                      (Mrs Maud Thomas)

Cyflwynwyr: Caerwyn, Clydach, Meic Parry, Teifi Jones,
              S. L. George a W. R. Jones.

Cyfeilyddion: J. Harries Thomas, Tom James, Haydn Jones,
              Harri Richard, Idris Griffiths, P. R. Daniel
              a Maime Noel-Jones

Telynorion: Tom Bevan, Megan Morris (Megan
              Rhydaman), Telynores Dwyryd
              a Thelynores Tawe

Cyhoeddwyr Radio: Mr Aneurin Talfan Davies (Tycroes)
                  a Mr Hywel Davies (Llandeilo)

Cadeirydd y Pwyllgor Gwaith .... Mr D. L. Thomas
Mam y Fro .... Dinah Thomas
Macwyaid .... Arthur Morris ac Eifion Lewis
Morwyn y Fro .... Nansi James
Morynion .... Margaret James a Dilys Llewelyn
Dawns Flodau .... Plant Ysgol Yr Eglwys, Llandybïe

Hyfforddwyd y plant gan Miss Betty Pughe, un o athrawes-
au'r Ysgol.

"A EI DI I LANDYBÏE?"

Agorwyd yr Orsedd yn swyddogol gan yr Archdderwydd Crwys am hanner awr wedi deg ar fore dydd Mawrth, Awst 8fed, 1944. Y neges allweddol a dreiddiodd trwy araith yr Archdderwydd oedd y rheidrwydd i gyfeirio ystyriaeth pob enaid byw tuag at y bechgyn a'r merched dewr hynny o Gymru oedd yn brwydro yn y Lluoedd Arfog ar draws y byd. Llongyfarchodd bobl Llandybïe am eu hysbryd i fentro a gwahodd yr Ŵyl Genedlaethol i bentref bychan. Ategodd hefyd fod gan blwyf yr Eisteddfod gysylltiad agos gyda rhai o gewri ein cenedl. Yn ôl Crwys, dim ond un peth a daflai gysgod dros ysblander yr Ŵyl, a hynny oedd absenoldeb y gwŷr a'r gwragedd ifanc oedd i ffwrdd yn ymladd mewn gwledydd estron.

Yr Archdderwydd Crwys yn agor yr Orsedd. Sylwch ar faint y gynulleidfa.

Cyfeiriodd hefyd at gynhyrchiad y papur Cymraeg, *Seren y Dwyrain*, gan ŵr o Landybïe a oedd yn gwasanaethu adeg y rhyfel yng Nghairo, sef y Swyddog Awyr, T. E. Griffiths. Yna, ychwanegodd mewn neges ddramatig i bawb oedd oddi cartref:

"Ein gobaith ni yw y gwnaiff Seren y Dwyrain eich arwain yn ôl atom yn holliach yn y dyfodol agos."

Cafwyd clo mawreddog i'r seremoni pan gododd Elfed, y bardd bregethwr, a oedd bellach yn 84 mlwydd oed, i offrymu Gweddi'r Orsedd yn ei lais melfedaidd unigryw.

Un sy'n cofio'r achlysur yn dda, ac yn wir y cyfan a ddigwyddodd yn yr Eisteddfod, yw Mrs Nansi (James) Davies, Morwyn y Fro, Prifwyl 1944. Mae bellach dros ei 90 oed, ond mae'r cof mor glir â'r grisial:

"Rown ni'n byw ar fferm Gelliwastad ar Heol y Brenin amser yr Eisteddfod. Rwy'n cofio hefyd i Alun Talfan a'i deulu bach symud o Abertawe i'r pentre dros gyfnod y rhyfel ac yn cael ei dderbyn fel brodor o'r plwyf mewn dim o amser. Syr Alun oedd y prif anogwr a fu'n gyfrifol am ddod â'r Eisteddfod i'r pentre yn y lle cyntaf. Wedi iddo ddarllen yn un o'r papurau newydd nad oedd gan yr Eisteddfod gartre ar gyfer 1944, trefnodd gyfarfod gyda rhai o bobl flaenllaw'r pentre i drafod y syniad o wahodd yr Eisteddfod Genedlaethol i Landybïe! Roedd e' wedi bod yn ddigon craff i estyn gwahoddiad i D. L. Thomas, Stationer's Hall, i'r cyfarfod. Gŵr busnes poblogaidd a Chynghorwr lleol oedd D.L., ac mewn dim o beth gwnaed cais ar i'r Eisteddfod ddod i'r pentref ac etholwyd D.L. yn Gadeirydd y Pwyllgor Gwaith Lleol.

"A EI DI I LANDYBÏE?"

Morwyn y Fro, Nansi James.

PIGION WYTHNOS – DYDD MAWRTH

Dinah Thomas, Mam y Fro, yn cyflwyno'r Corn Hirlais i'r Archdderwydd Crwys yn ystod Seremoni Agor yr Orsedd ar fore dydd Mawrth yr Eisteddfod.

Morwyn y Fro, Nansi James, ynghyd â'r morynion, Margaret James a Dilys Llewelyn, yn gadael y Cylch wedi cyflwyno'r Aberthged.

"D.L. wnaeth ofyn i mi fod yn Forwyn y Fro. Rwy'n cofio fe'n dod i'r clos a dweud yn hytrach na gofyn i mi gymryd at y swydd! Braidd yn ofnus rown i o dderbyn y fath anrhydedd, ond doedd neb yn gwrthod ceisiadau D. L. Thomas. Ychwanegodd fy mod i wedi cael fy newis fel cynrychiolydd yr eglwys, gan fod y ddwy forwyn, Margaret James a Dilys Llewelyn, wedi eu dewis i gynrychioli'r capeli. Miss Dinah Thomas, gwraig D.L. oedd Mam y Fro. Yr hyn sydd wedi aros yn y cof yw'r ymarfer brwd fu'n rhaid i ni wneud ar gyfer bob un o'r seremonïau. Plant ysgol y pentref oedd yn gyfrifol am y Ddawns Flodau, a'u hyfforddwraig oedd Miss Betty Pughe, un o athrawesau'r ysgol.

"Rwy'n cofio'r bwrlwm ar yr aelwyd ar y bore dydd Mawrth agoriadol hwnnw. Roedd yr aberthged wedi cyrraedd, aberthged o flodau a brwyn a gasglwyd gan fy nhad-cu o dir Mountain Cottage. Tad-cu hefyd fu'n gyfrifol am blethu'r blodau at ei gilydd i ffurfio'r dorch a offrym-

Plant yr Ysgol Gynradd yn cyflwyno'r Ddawns Flodau.

wyd i'r Archdderwydd drwy gydol yr Ŵyl. Mi roedd y teulu i gyd yno y bore hwn i ddymuno'n dda i fi cyn gadael am Gapel Salem. Yna, mi alwodd y postman heibio â llythyr o'r llu arfog. Rown ni'n gwybod mai dyna beth oedd e' yn ôl lliw yr amlen! Doedd yr un teulu am weld amlen debyg yn cyrraedd amser rhyfel, ond er mawr ryddhad i ni gyd, telegram oedd ganddo bob cam o'r Eidal oddi wrth fy mrawd Ronald a oedd yn filwr yn y wlad honno adeg y rhyfel. Dydw i ddim yn meddwl i un Forwyn y Fro erioed fynd mor ysgafn a hapus ei cham i un o Seremonïau'r Orsedd!"

Felly yn ôl y sôn, cafwyd bore i'w gofio gydag ail ymddangosiad yr Orsedd yn yr awyr agored ym mhentref Llandybïe. Yn ategol i hyn, gellid cofnodi'r hanes am un peth bach doniol a ddigwyddodd yn y capel ymgynnull.

Yr Archdderwydd yn gadael Cylch yr Orsedd ar ddiwedd y Seremoni Agoriadol.

Mae'r un digwyddiad yn dal i gael ei adrodd heddiw yn y pentref er bod cymaint â thrigain mlynedd a deg wedi mynd heibio ers iddo ddigwydd. Mae'r un digwyddiad hefyd wedi ei gyhoeddi yn Saesneg gan D. Arthur Morris yn ei lyfr, *1944, Reflections of a Village Eisteddfod*.

Mae'n hen arfer i benodi nifer o wragedd lleol i gynorthwyo Meistres y Gwisgoedd i gael y beirdd yn barod ar gyfer y gorymdeithio. Mae hyn yn hen ddefod gan nad yw Aelodau o'r Orsedd bob amser yn cymryd digon o ofal am eu hymddangosiad cyn mentro o flaen y cyhoedd. Enw un o'r gwragedd a ddewiswyd ar gyfer y dasg yn Llandybïe oedd un o hoelion wyth y pentref, Mrs Jewell o Heol y Bont. Yng nghanol y bwrlwm o gael y beirdd yn barod ar y bore cyntaf, dyma'r Cyn-Archdderwydd dall, Elfed yn rhuo yn ei lais uchel treiddgar:

"Ble mae'r *jewel*?"

"Fi fan hyn bach," atebodd Mrs Jewell mewn ufudd-dod llwyr, gan redeg ar unwaith i gynorthwyo un o gewri'r genedl.

"Dim chi, fenyw, ond y *jewel* sy'n mynd am 'y ngwddwg i rown ni'n sôn amdani," rhuodd Elfed drachefn.

Cafodd y broblem ei datrys yn y fan a'r lle, ond nid gan Mrs Jewell druan!

Er ei bod hi'n gyfnod dyrys arnom fel cenedl yng nghanol rhyfel, roedd yna arwyddion erbyn 1944 ein bod ni ar drothwy dyddiau gwell. Edrychai yn debyg mai Gŵyl Llandybïe fyddai Eisteddfod olaf cyfnod y rhyfel a'r brif nod bellach oedd edrych ymlaen mewn gobaith. Fel sydd eisoes wedi'i nodi, dyna oedd wrth wreiddyn negeseuon Llywyddion y Dydd hyd yma, gyda'r Uwchgapten Gwilym Lloyd George wrth agor yr Arddangosfa Ddiwydiannol ar y bore cyntaf yn galw am welliannau ym mywyd y glöwr ac yn dyheu am weld meddyginiaeth i wella Clefyd y Llwch. A bu Mr William Jones yn ei ddilyn yn y prynhawn wrth alw am undod ymhlith y genedl er mwyn cyrraedd gwell cyfleusterau byw.

Yn y pafiliwn ar fore dydd Mawrth yr Ŵyl, R. E. Griffith oedd y Llywydd, a'i ddymuniad yntau hefyd oedd adeiladu Cymru o'r newydd gan greu gwell byd i'w phlant a'i phobl ifanc gael byw ynddi. Dilyn yr un trywydd hefyd wnaeth Dr Gwenan Jones yn y prynhawn, gan glodfori mudiadau fel Sefydliad y Merched ac Urdd Gobaith Cymru am gefnogi diwylliant ein gwlad. Aeth yn ei blaen i ddisgrifio'r Cymry fel pobl a hoffai fyw yn gytûn mewn cymunedau clòs, a'i gobaith i'r dyfodol oedd gweld y bobl hyn yn cadw at y dulliau hynny o fyw. Ymbiliodd felly ar yr ieuenctid oedd wedi bod oddi cartref dros gyfnod y rhyfel i ddychwelyd i'w bröydd ar ei therfyn, er mwyn cynnau'r fflam drachefn ar aelwydydd ein gwlad.

Yn ogystal â'r Orsedd, dychwelodd cystadlaethau'r plant hefyd i'w priod le yng Ngŵyl Llandybïe. Clustnodwyd dydd Mawrth ar gyfer nifer o'r cystadlaethau hyn a chafwyd cystadlu brwd mewn unawdau, deuawdau, unawdau offerynnol, caneuon actol, adrodd i unigolion ac adrodd dramatig i ddeuoedd, corau adrodd yn ogystal â chystadleuaeth i Gôr Ieuenctid.

Diddorol nodi yn y fan hyn, mai dyma'r union le i'r actores enwog, Siân Phillips o Wauncaegurwen, ddod i amlygrwydd am y tro cyntaf. Nodir hyn ganddi yn ei hunangofiant, *Private Faces*, a gyhoeddwyd gan Hodder and Stoughton yn 1999:

> "My mother spent long hours practising for the Eisteddfodau . . . These took place on Saturdays in chapels. I began to be successful and in demand for concert work and it was because of my mother's strategy that at the age of eleven I became a broadcaster . . .
>
> "Greatly daring (and adding a year to our ages) she entered Mair Rees, my best friend and myself in the big, annual National Eisteddfod in the category 'Dramatic Recitation for two, 12-16 years'.
>
> "We practised all through the spring and on a summer morning made the long journey to Llandybïe, and then walked from the station looking for the hall where the eliminating contest was to be held . . .
>
> "An hour went by and we listened to the same piece over an over again. It sounded dramatic, all right. Loud too. My mother looked thoughtful and said nothing.
>
> "At last it was our turn . . . It was over quickly and I knew we'd remembered everything but my mother said nothing. Then we walked round the town until we found the place where the results would be posted. When the man came with the paper that bore the names of the four finalists my mother walked up to the board quite slowly, then turned to us and nodded without smiling. We're through! We had to find a lavatory and a tap so that we could be cleaned up. Then we walked towards the roar of the thousands of people on the Eisteddfod field . . .
>
> "The performance seemed to last longer this time and these people understood old Welsh because they laughed at the jokes that had until now felt embarrassing and less and less funny as

PIGION WYTHNOS – DYDD MAWRTH

Enillwyr lleol, Parti Cân Actol Ysgol Gwauncaegurwen. Mae'r actores ifanc, Siân Phillips, yn sefyll gyda'i mam yn y cefndir.

the weeks of rehearsals went by. We were a riot! And we won! Hands down! . . . We were photographed by the press and went to the BBC mobile studio to repeat our triumph. We fell asleep on the train and then on the bus and I don't remember walking the last steep mile home to Alltwen."

Yn sicr, gwir pob gair oherwydd ceir cofnod i'r gystadleuaeth hon gael ei chynnal, ac mai'r enillwyr oedd dwy ferch ifanc o Bontardawe, Ailwen Phillips ac Eluned Rees. Siân Phillips o dan ei henw bedydd, a chyn iddi gael ei henw llwyfan oedd yr Ailwen hon, ac mae'n amlwg felly bod Eisteddfod Genedlaethol Llandybïe wedi bod yn help i'w chyfeirio i serennu yn y maes actio.

Pentyrru i'r neuadd wnaeth y cyhoedd ar y nos Fawrth i wrando ar berfformiad cyntaf Côr yr Eisteddfod. Y gwir amdani yw, y bu bron iddi fynd i'r sefyllfa lle na fyddai gan yr Eisteddfod gôr yn y lle cyntaf! Mae'n hen arfer i Gôr y Genedlaethol gael ei sefydlu gan gantorion o'r fro lle mae'r Eisteddfod yn cael ei chynnal. Dyna wrth gwrs oedd y bwriad yn Llandybïe. Penodwyd y cerddor enwog, Mr Gwilym Jones fel arweinydd, ac yn naturiol ar ysgwyddau'r gŵr hwn y disgynnodd y cyfrifoldeb o ddewis yr aelodau. Yn anffodus, roedd Mr Jones hefyd yn digwydd bod yn arweinydd ar gôr llwyddiannus Rhydaman, ac er mwyn sefydlu cnewyllyn cadarn i Gôr y Brifwyl, fe ddaeth y gŵr â nifer o'i gôr gwreiddiol gydag ef! A dyna pryd y dechreuodd y 'cythraul canu', gan i'r sibrydion ddechrau fynd ar led yn y pentref bod gormod o arlliw Rhydaman ar Gôr y Brifwyl. Aeth pethau mor ddrwg nes bu'n rhaid galw ar Gadeirydd y Pwyllgor Gwaith, Mr D. L. Thomas, i fynd i'w cyfarfod a'u hargyhoeddi nad felly roedd pethau, a bod pob aelod yno o ran eu haeddiant. Tawelwyd y storm ac aeth Mr Jones yn ei flaen i ffurfio côr teilwng i'r achlysur.

Cafodd y sawl oedd yn bresennol eu gwefreiddio gan safon y côr. Ar y noson arbennig hon, cyflwynwyd datganiad o'r gwaith a gomisiynwyd yn arbennig i Eisteddfod Llandybïe, sef "Gweddi," gan Arwel Hughes. Seiliwyd y gwaith ar yr Offeren a chafwyd rhannau yn y Gymraeg a'r iaith Roeg. Y soprano, Dilys Rees oedd yr Unawdydd gwadd, a gwnaeth hithau hefyd argraff fawr ar y gynulleidfa.

Yn ogystal â'r uchod, rhoddwyd perfformiad o'r cantata, "Kynon," un o weithiau Cymraeg y diweddar Hopkin Evans. Unawdwyr y rhan hon o'r noson oedd Idris Daniels, Mildred Williams ac Idwal Rees. Mr R. R. Williams, Cyn-Gyfarwyddwr Addysg y Rhondda, oedd Llywydd y Noson, y trydydd i ymgymryd â'r gorchwyl hwnnw yn ystod y dydd.

DYDD MERCHER

Diwrnod o gerddoriaeth a llenyddiaeth oedd dydd Mercher yr Eisteddfod. Dau o uchafbwyntiau'r diwrnod oedd Cystadleuaeth y Corau Meibion a Seremoni Coroni'r Bardd. Dyma'r diwrnod hefyd y trefnwyd Cyfarfod i Ddathlu Canmlwyddiant Watcyn Wyn yn y Gwynfryn, Rhydaman. Yn yr hwyr, cynhaliwyd rownd derfynol y Gystadleuaeth Actio Drama Un Act, yn Neuadd Lesiant, Rhydaman, a hefyd ail gyngerdd Côr yr Eisteddfod yn Neuadd Llandybïe. Digon o arlwy felly i ddiwallu holl anghenion diwylliedig eisteddfodwyr Cymru dros ddiwrnod cyfan!

Tri chôr fu'n brwydro yng nghystadleuaeth y Corau Meibion. Y darnau gosod oedd "Robin Ddiog," gan E. T. Davies a "Brain Owain," o waith Bryceson Treharne. Traddodwyd y feirniadaeth gan Mr John Hughes ac fe'u gosodwyd yn y drefn ganlynol. Rhoddwyd Côr y Mond, Abertawe, yn y safle cyntaf gyda 161 o farciau, yn ail Côr Pontyberem gyda 150 ac yn drydydd Côr Cefneithin ar 147 marc. Cafodd Côr y Mond, ganmoliaeth uchel a dyfarnwyd iddynt fod un marc ar ddeg ar y blaen o'r côr oedd yn yr ail safle. Ymhlith enillwyr eraill y dydd oedd Gwyneth Griffiths o Gaernarfon ar yr adrodd o dan 21 ac Elizabeth Rowlands o'r Bala ar ganu penillion i gyfeiliant telyn. Doedd y siwrnai faith ddim wedi profi'n rhwystr i bawb fel yr ofnwyd gan lawer yn wreiddiol!

Y Llywydd Anrhydeddus, Mr Jim Griffiths, A.S., ynghyd â rhai o'r gwahoddedigion ar Faes yr Eisteddfod, gyda'r babell fwyta yn y cefndir.

Llywydd y prynhawn oedd Llywydd Anrhydeddus yr Ŵyl, Mr Jim Griffiths, A.S., brodor wedi'i eni yn Rhydaman. Fel y noda Alan Llwyd, i raddau, yr un thema oedd i'w anerchiad yntau â llywyddion blaenorol yr Ŵyl, sef y dyhead am sefydlu byd newydd i'r Cymry wedi'r rhyfel. Mynnodd y dylai Cymru gael cydraddoldeb gwleidyddol er mwyn sicrhau strwythur economaidd cryfach ar gyfer y dyfodol. Os llwyddir i greu'r Gymru newydd byddai modd hefyd i greu Prydain newydd a maes o law byddai hyn yn arwain at fyd newydd a gwell yn ogystal. Ar un olwg, roedd tôn genedlaetholgar i'w chlywed yn ei araith wrth iddo grefu ar i'r Cymry gael grym rheolaeth i'w dwylo eu hun er mwyn cael y cyfle i gynllunio bywyd economaidd cadarnach. A phetai hyn yn digwydd meddai, byddai modd wedyn i greu uned gryfach ac ymfalchïo yn eu hymdrechion.

Er i Gystadleuaeth y Goron ddilyn yr un amodau â'r rhai sydd ynghlwm wrth y gystadleuaeth heddiw, medal ac nid coron oedd gwobr yr enillydd yn y dyddiau hynny. Medal hefyd oedd gwobr enillydd y Gadair am ei lafur, a ffaith ddiddorol arall o Eisteddfod 1944 oedd mai'r Gadair a enillwyd gan Watcyn Wyn yn Eisteddfod Blaenau Ffestiniog, 1891, a ddefnyddiwyd ar gyfer y ddwy seremoni. Does dim sôn am Gystadleuaeth y Goron ychwaith yn y llyfr *Cyfansoddiadau a Beirniadaethau, Eisteddfod Llandybïe 1944*, oherwydd rhestrir y gystadleuaeth o fewn y llyfryn hwnnw, fel a ganlyn:

> "Pryddest heb fod dros 300 o linellau. Testun: Yr Aradr. Gwobr: Tlws yr Eisteddfod Genedlaethol a £10. Beirniaid: Dewi Emrys, Dyfnallt a Waldo Williams."

Enillydd y Fedal oedd Mr J. M. Edwards, brodor o Lanrhystud, Sir Aberteifi, ond a oedd bellach yn ysgolfeistr yn y Barri. Nid dyma'r tro cyntaf iddo gyflawni'r gamp gan iddo ennill yr un gystadleuaeth ym Machynlleth 1937, a hefyd yn Hen Golwyn, 1941. Doedd y rheol i wahardd unrhyw un rhag ennill y gystadleuaeth ar fwy na dau achlysur heb ddod i rym yn y cyfnod hwnnw.

Yn ôl *Cyfansoddiadau a Beirniadaethau'r Eisteddfod*, a olygwyd, gyda llaw, gan Y Parch. Gomer Roberts, roedd deg bardd ar hugain wedi anfon eu cyfansoddiadau i'r gystadleuaeth. Roedd Dewi Emrys a Dyfnallt wedi gosod dau yn unig, 'Mab y Gweunydd' a 'Banc y Môr', yn y dosbarth cyntaf. Doedd Waldo ddim wedi bod mor drefnus â'i gydfeirniaid – ffaith iddo gyfaddef yn ei feirniadaeth ysgrifenedig, ". . . wrth edrych yn ôl dros fy meirniadaeth gwelaf na chedwais at drefn teilyngdod yn fanwl . . ." ac o ganlyniad roedd ganddo ryw chwech yn rhagori ar y gweddill! Ar ben hyn i gyd, roedd un o'r ddwy gerdd a ffafrwyd gan y ddau feirniad arall heb fod ymhlith chwech Waldo. Doedd cerdd 'Mab y Gweunydd' ddim yn agos at y brig. Pan ddaeth hi felly yn fater o benderfynu ar deilyngdod, roedd Dewi Emrys a Dyfnallt o'r farn bod 'Banc y Môr' yn haeddu'r anrhydedd. Beth am Waldo? Roedd Waldo am atal y wobr gan nad oedd neb wedi cyrraedd y safon. Felly gyda mwyafrif o ddwy bleidlais yn erbyn un, coronwyd J. M. Edwards o'r Barri.

Crwys, Archdderwydd y cyfnod, oedd yn gyfrifol am y seremoni, gyda'r Orsedd gyfan yn bresennol yng nghefn y llwyfan. Aelod o gerddorfa'r Brangwyn, Abertawe, oedd yn gyfrifol am ganu'r Corn Gwlad a Thelynores Dwyryd

Seremoni Coroni'r Prifardd J. M. Edwards, Y Barri.

gyfarchodd y bardd ar ffurf cân. Bu llawer o ganmoliaeth i'r bryddest gyda'i thema gyfoes, sef y dirywiad yng nghefn gwlad Cymru wrth i'r boblogaeth ymfudo i'r dinasoedd a'r trefi mawrion. Roedd pethau'n argoeli'n dda, teilyngdod yn y gyntaf o brif gystadlaethau'r Ŵyl, tybed oedd yna fwy i ddod?

Dathlwyd canmlwyddiant genedigaeth Watcyn Wyn, y bardd bregethwr, am hanner awr wedi tri o'r gloch ar yr un prynhawn. Gwnaed y penderfyniad i gynnal y cyfarfod tu allan i Academi'r Gwynfryn, cartrefle dros dro Eglwys y Bedyddwyr Saesneg yn Rhydaman yn y dyddiau hynny. Fel pob cyfarfod arall yng Ngŵyl 1944, roedd y lle yn gorlifo â phobl oedd yn awyddus i dalu teyrnged i'r gŵr enwog. Amcangyfrifir bod dros bedwar cant o bobl wedi ymgynnull yno, a gorfodwyd y swyddogion i symud y cyfarfod allan o'r adeilad i'r awyr agored er mwyn i bawb gael cyfle i ymuno yn y dathlu. Cyn gadael yr Academi, dadorchuddiwyd llun o'r bardd ac arysgrifen oddi tano gan Gwilym Myrddin. Yn ei araith fer, soniodd am ei gyfeillgarwch â Watcyn Wyn ac ychwanegodd fod ganddo ryw ymdeimlad bod ysbryd y bardd bregethwr yn dal i grwydro bro'r Eisteddfod. Yr artist a beintiodd y llun swyddogol hwn oedd Mr Trefor James, athro celf Ysgol Ramadeg y Gwendraeth.

Agorodd yr Archdderwydd Crwys, Llywydd y Cyfarfod, y Cwrdd Dathlu trwy roi sicrwydd i bawb mai'r Academi oedd y lle priodol i gynnal y dathlu gan mai yma y bu Watcyn Wyn yn byw am flynyddoedd. Ymfalchïai ei fod wedi cael y fraint o fod yn bresennol fel un oedd yn gynfyfyriwr yr Academi, gan bwysleisio mai'r pennaeth oedd yr athro gorau i'w ddysgu erioed! Roedd Academi'r Gwynfryn o dan arweiniad Watcyn Wyn wedi dylanwadu'n fawr ar nifer helaeth o fechgyn ifainc y cyfnod. Ychydig o fyfyrwyr yn unig fyddai'n gadael y lle heb ennill blas ar lenydda, a daeth criw ohonynt yn enillwyr cyson mewn eisteddfodau ar hyd a lled y wlad gan gynnwys yr Eisteddfod Genedlaethol.

Cofio oedd thema araith Y Parch. Glasnant Jones gan gyfeirio at nifer o enwogion ein cenedl a fu unwaith yn fyfyrwyr yn y Gwynfryn, tra soniodd yr Athro John Morgan Jones, Bangor, mai Watcyn Wyn oedd y gorau o'r goreuon a fu yn gyfrifol am ei addysg yntau. Dyma'r gŵr meddai, a fu'n gyfrifol am ei osod ar daith bywyd, yn sicr o'i gam a'i gyfeiriad. Yn wir, roedd Watcyn Wyn ar hyd ei oes yn symbol byw o'r holl ddaioni oedd yn gysylltiedig â Dyffryn Aman.

Yn dilyn hyn, cafwyd pleidlais o ddiolchgarwch gan Mr D. R. Hughes a'i eilydd Mr Emrys Hughes, Prifysgol Abertawe, i Crwys am lywyddu'r cyfarfod. Yna, cydganwyd un o emynau enwocaf Watcyn Wyn, 'Canaf am yr addewidion'. Offrymwyd y fendith gan y Cyn-Archdderwydd Elfed, cyn i bawb orymdeithio tuag at fynwent Gellimanwydd, lle gosododd Crwys dorch o flodau ar fedd y bardd. Tra ar lan y bedd, cafwyd gweddi o ddiolch am fywyd y bardd gan y Parch. Nantlais Williams, Gweinidog Bethany, Eglwys Methodistiaid y dref. Megan Rhydaman a Tom Bevan oedd telynorion y cyfarfod.

Gellid dweud gydag arddeliad i Ysgol y Gwynfryn ac yn enwedig i bersonoliaeth Watcyn Wyn gael dylanwad mawr ar fywyd nifer helaeth o fechgyn y cyfnod. Gadawodd y gŵr goleuedig ei nod nid yn unig ar ardal Rhydaman ond hefyd ar genedlaeth o weinidogion anghydffurfiol ein gwlad.

Anaml y byddai myfyriwr yn gadael y Gwynfryn fel y soniwyd uchod heb gael ei drochi ym myd llenyddiaeth ynghyd ag ennill yr ias honno i gystadlu mewn eisteddfodau. Ymhlith ei ddisgyblion a'i gyfeillion gellid enwi pobl fel J. T. Job, Gwydderig a Gwili, gan sôn am ddim ond tri a fanteisiodd ar allu Pennaeth yr Academi. Cymaint oedd ei ddylanwad o fewn y plwyf fel y bu i Eisteddfod Genedlaethol Llandybïe gynnwys cystadleuaeth o fewn ei rhaglen yn gofyn am "Rhagymadrodd ynghyd â detholiad o weithiau Watcyn Wyn." Y beirniad oedd Dyfnallt, a'r buddugol oedd "Bannau Gleision," y Parch. Tom Davies, Llandysul.

Yn ystod nos Fercher, cynhaliwyd cystadleuaeth sy'n dal yn rhan o'r un gyfundrefn heddiw ag fel yr oedd hi yn Eisteddfod Genedlaethol Llandybïe, 1944, sef Cystadleuaeth Actio Drama Un Act. Hyd heddiw, mae'n orfodol i'r cwmnïau sydd am gystadlu lenwi Ffurflen Gystadlu swyddogol a'i hanfon i Swyddfa'r Eisteddfod erbyn dyddiad penodol. Yna, disgwylir i bob cwmni roi perfformiad lleol o flaen y beirniad etholedig er mwyn i hwnnw neu honno ddyfarnu pa dri chwmni yw'r gorau i'w gwahodd i chwarae rhan yn yr Ŵyl.

Cynhaliwyd yr ornest derfynol yn 1944 yn Neuadd Lesiant, Rhydaman, ac yn ôl y sôn roedd pob tocyn wedi cael ei werthu wythnosau cyn yr achlysur. Dewiswyd Cynan fel beirniad y gystadleuaeth y flwyddyn honno a bu'n rhaid iddo deithio cryn dipyn ar hyd a lled Cymru gan i ddeuddeg cwmni benderfynu cystadlu. Er mwyn gosod llinyn mesur i'w helpu i ddewis goreuon y gystadleuaeth, penderfynodd mai dim ond y cwmnïau hynny a chanddynt dros wyth deg o farciau fyddai'n cael dod i Landybïe. Daeth tri i'r brig, ac yn ôl yr arfer fe'u gwahoddwyd hwy i'r Eisteddfod, sef Cwmni Drama Llangefni yn cyflwyno, 'Y Blaidd Ddyn', gan F. G. Fisher, Cwmni Drama Peniel yn perfformio 'Ffroes', gan D. T. Davies a Chwmni Drama Cwmgwili yn perfformio 'Eiddo Pwy?' o waith Gwynfor. Yn anffodus methwyd â dod o hyd i gofnod o enw'r Cwmni buddugol! Serch hynny, dëellir i'r perfformiadau blesio Cynan yn fawr gan iddo ddweud yn ei feirniadaeth bod perfformiadau'r tri chwmni a ymddangosodd ar y llwyfan wedi dangos gwelliant o ran manylion llwyfan a thechneg actio o'u cymharu gyda'r hyn a welwyd yn ystod y blynyddoedd blaenorol.

Yn dilyn cystadlu dydd Mercher, perfformiwyd ail gyngerdd Côr yr Eisteddfod o dan arweiniad Gwilym R. Jones yn y Neuadd yn ystod yr hwyr. Llywydd y noson oedd yr Archdderwydd Crwys ac unwaith eto roedd y neuadd yn llawn hyd at yr ymylon. Canmolwyd y côr yn fawr am eu cyflwyniadau o ganeuon Gwerin Cymru a hefyd am eu dehongliad o Gorws Handel, "We never will bow down." Yn eu cynorthwyo ar y noson roedd Triawd Offerynnol Prifysgol Caerdydd. Cyflwynodd y tri detholiad o waith Mendelssohn a hefyd Trefniant o Ganeuon Gwerin. Yr Unawdwyr gwadd oedd Ceinwen Rowlands, Trefor Jones a Roderick Lloyd.

*Morwyn y Fro, y ddwy forwyn â Phlant y Ddawns
ar eu ffordd i un o Seremonïau'r Orsedd.*

DYDD IAU

Cychwynnodd bore Iau gydag ail seremoni 'awyr agored' yr Orsedd. Dyma sut y disgrifir yr achlysur yn y papurau lleol:

> "Early in the day, too, there was an international atmosphere about the Gorsedd. The warmly welcomed visitors were up betimes in the morning, after taking part in a Noson Lawen arranged in their honour to see the Gorsedd Ceremony.
>
> "They confessed to 'lumps in their throat' as the bards slowly wound their way up the winding hillside path to the Gorsedd Circle. Even hardened Eisteddfodau visitors declared it to be the most impressive Gorsedd for many years."

Aelodau'r Orsedd yn gwneud eu ffordd trwy'r dorf yn ystod seremoni bore Iau.

Miss Nansi James yn cyflwyno'r Aberthged i'r Archdderwydd Crwys.

Dyma sut y disgrifir y cyfan gan ohebydd arall:

> "The Gorsedd of the Bards meeting for the second and the last time within the circle on Thursday morning, despite some early uncertainty, developed into a splendid spectacle, and was witnessed by a huge crowd, hundreds of whom having climbed up trees to view the scene."

Efallai bod ychydig o ffantasi ynghlwm wrth y darn olaf, ond mae lluniau o'r achlysur yn dangos bod yna gannoedd o bobl yn bresennol ar y bore arbennig hwnnw. Talwyd teyrnged gan lawer i Crwys am y modd y gweinyddodd y cyfan. Canmolwyd y deuddeg disgybl ifanc o'r Ysgol Gynradd leol am eu perfformiad o'r Ddawns Flodau a hefyd am yr urddas a bortreadwyd gan Nansi James, Morwyn y Fro a Dinah Thomas, Mam y Fro, wrth iddynt ill dwy gyflwyno'r Aberthged a'r Corn Hirlas.

Yn dilyn Seremoni'r Orsedd dechreuodd y dyrfa'r siwrnai yn ôl i'r neuadd lle cafwyd cystadleuaeth o'r radd flaenaf pan ddaeth y Corau Merched i'r llwyfan. Dyma restr gyflawn o gorau'r dydd: Côr Merched Rhondda Ganol, Danygraig Pontardawe, Llangadog, Penarth, Y Gwendraeth, Llandeilo a Chôr Afan Port Talbot. Mae'n ymddangos yn ôl y canlyniad bod yna un côr wedi rhagori tipyn ar y gweddill, sef Côr Penarth gyda 180 o farciau. Yn yr ail safle gosodwyd y Côr lleol o Landeilo ar 171 a Chôr Afan Port Talbot yn drydydd ar 169 marc. Yn ogystal â'r Corau Merched cynhaliwyd nifer o gystadlaethau llenyddol hefyd yn y neuadd yn ystod sesiwn y bore.

Roedd edrych ymlaen yn fawr wedi bod tuag at raglen y prynhawn. Daeth yr Orsedd i'r llwyfan gan gymryd ei safle yn barod ar gyfer y Cadeirio. Cynigiwyd y Gadair, neu yn

Alun Talfan Davies a D. L. Thomas yn arwain mintai o Uwch Swyddogion Dinesig i gyfeiriad y Neuadd. Mae lle i gredu mae'r Henadur a Mrs William Harries, Maer a Maeres Abertawe, yw'r pedwerydd a'r pumed person yn y llun.

*"A Oes Heddwch?" Seremoni Cadeirio'r bardd buddugol,
Mr D. Lloyd Jenkins, Tregaron.*

hytrach y Fedal, ym Mhrifwyl 1944 am Awdl heb fod dros 260 o linellau ar y testun 'Ofn'. Y tri beirniad oedd Simon B. Jones, Tom Parry a T. H. Parry Williams ac roedd y tri'n gytun mai "Pryderi", sef D. Lloyd Jenkins, athro Saesneg yn Ysgol Eilradd Tregaron oedd ar y brig. Barnwyd bod ei awdl yn gywir o ran iaith a chystrawen, ac yn anad dim ei fod wedi cadw at y testun yn well na'r gweddill.

Yn union wedi Seremoni'r Cadeirio, cafwyd digwyddiad unigryw yn hanes yr Eisteddfod. Galwodd yr Archdderwydd ar y cynrychiolwyr o'r Cenhedloedd Cynghreiriol oedd yn bresennol i godi ac i ddod i'r llwyfan. Yna yn eu tro, estynnodd wahoddiad i bob unigolyn gyfarch y gynulleidfa, gweithred nas gwelwyd ei thebyg o lwyfan y Genedlaethol erioed o'r blaen. Ymhlith y garfan, roedd yna gynrychiolwyr o Wlad Belg, Tseina, Tsiecoslofacia, Ffrainc, Lwcsembwrg, Yr Iseldiroedd, Norwy, Gwlad Pwyl, Rwsia a'r America. Tasg Cynan oedd cyfieithu fersiwn Saesneg y Cynrychiolwyr i'r Gymraeg. Chwarae teg, mae'n debyg iddo dderbyn copïau o areithiau'r siaradwyr i gyd o flaen llaw, ond yna, gyda'r sesiwn o gyflwyno'r gwesteion tramor yn tynnu at ei derfyn, cododd cyffro mawr ymhlith y dorf. Yn ddiarwybod i bawb, camodd dieithryn croenddu ar hyd yr ale i gyfeiriad blaen y neuadd.

Pan sylweddolodd y gynulleidfa fod yna ymwelydd annisgwyl yn eu plith, dyma gymeradwyaeth uchel i'w groesawu. Wedi munud o ymgynghori rhwng y swyddogion, gwahoddwyd y gŵr i ddweud gair. Cerddodd yn araf i flaen y llwyfan a dechrau llefaru yn Yoruba, un o ieithoedd lleiafrifol De Affrica. Myfyriwr yn astudio Gwyddoniaeth Cymdeithasol ym Mhrifysgol Llundain oedd y gŵr bonheddig a ddigwyddai fod yn aros yn Llundain adeg yr Eisteddfod.

Cafwyd teilyngdod felly yn y ddwy brif gystadleuaeth farddol, ond doedd y lwc ddim i barhau yn yr Adran Ryddiaith. Penderfynwyd ar drefn dros flynyddoedd y rhyfel i ddewis tri beirniad ar gyfer Cystadleuaeth y Fedal Ryddiaith. Y tri ar gyfer Llandybïe oedd W. J. Gruffydd, T. H. Parry Williams a Griffith John Williams. Y bwriad oedd dewis enillydd yn Eisteddfod Bangor, yn y flwyddyn flaenorol, sef 1943, a chyflwyno'r Fedal iddo yn Llandybïe yn 1944. Dyma sut yr esbonnir y drefn yn y llyfryn *Rhestr Testunau Eisteddfod Genedlaethol, Llandybïe, 1944*:

'Y Fedal Ryddiaith Bur.

Trwy haelioni'r diweddar Syr Howell J. Williams, Llundain, cyflwynir y Fedal uchod os derbynnir gwaith o deilyngdod arbennig yn adran rhyddiaith yr Eisteddfod y flwyddyn cynt, sef yn un o'r cystadlaethau a ganlyn:

PIGION WYTHNOS – DYDD IAU

Yr unfed ymwelydd ar ddeg yn cyrraedd y llwyfan wedi Seremoni'r Cadeirio, ond yn ddiwahoddiad! Pwy oedd y dieithryn? Mr George Roberts, myfyriwr o Brifysgol Llundain, a ddigwyddai fod yn aros yn Abertawe dros wythnos yr Ŵyl. Cyfarchodd y dorf yn Yaruba, un o ieithoedd lleiafrifol De Affrica.

a. Nofel
b. Stori
c. Ysgrif
ch. Traethawd Beirniadol.

Dyfernir y Fedal yn ôl barn panel o feirniaid.

Y panel am 1944 fydd: W. J. Gruffydd, T. H. Parry Williams, G. J. Williams.'

Er mawr siom i bawb, doedd yna neb yn deilwng. Yr un oedd yr hanes hefyd yng nghystadleuaeth y Nofel. Yn y gystadleuaeth honno, daeth y ddau feirniad, Gwilym R. Jones ac E. Tegla Davies i'r casgliad nad oedd un o'r ddau ymgeisydd yn agos i'r safon! Deheuwr difflach oedd 'Owain Bifan', awdur y nofel gyntaf. Roedd thema 'Y Weledigaeth', yn hen ar y naw, gyda'r stori yn cylchdroi o gwmpas merch o dras gyfoethog a mab o ddosbarth y gweithwyr. Roedd teulu'r ferch yn gwrthwynebu'r garwriaeth ac wrth gwrs roedd yna ŵr goludog arall yn y cefndir yn ceisio llaw'r ferch! Yn ychwanegol at wendid ac oed y thema nodwyd bod arddull yr awdur yn wan a'r iaith y tu hwnt o wallus. Aeth Tegla mor bell â dweud "bod tasg y darllenwr yn lafur llethol wrth iddo ymwthio drwy anialwch y stori!" Ychwanegodd hefyd wrth gloi bod safon y cystadleuydd hwn mor sâl fel na allai ei weld yn ennill gwobr mewn unrhyw gystadleuaeth. Lleolwyd yr ail nofel 'Cob Melltraeth', gan 'Mab y Cob' yn Sir Fôn. Roedd gan hwn ddeunydd rhagorol a'r gallu i ddisgrifio yn ddiflewyn ar dafod. Ar y llaw arall, roedd ei gymeriadau'n niwlog a'i iaith yn gloncio iawn. Daeth ei ddiffyg crefft i'r amlwg wrth iddo redeg allan o wynt ar brydiau. Un o'i brif wendidau oedd iddo anelu'n rhy ddwys am arddull gain, ond wedi dweud hyn roedd hi'n amlwg bod 'Mab y Cob' yn well llenor nag 'Owain Bifan'. Serch hynny, roedd y ddau feirniad yn hollol ddiffuant wrth nodi na allent gynnig hyd yn oed cyfran o'r wobr i'r gorau o'r ddau ymgeisydd. Felly mewn pedair o'r prif gystadlaethau hyd yn hyn, fe ataliwyd y wobr ar ddau achlysur.

Daeth newid ar fyd yn yr Adran Ddrama gan fod yna deilyngdod yn y ddwy brif gystadleuaeth. Enillydd Tlws y Ddrama oedd W. Vaughan Jones, Y Waunfawr, Arfon, am ei ddrama 'Brwyn ar Gomin'. Serch hynny, cael a chael oedd hi rhwng 'Brwyn ar Gomin' a 'Marion', gan Ap Dafydd, ac yn ôl y beirniad D. T. Davies, gallasai yn hawdd fod wedi dewis drama 'Ap Dafydd'.

Yn ddi-os, uchafbwynt llenyddol Eisteddfod Genedlaethol Llandybïe, 1944, oedd gwobrwyo 'Meini Gwagedd', gan J. Kitchener Davies yn y gystadleuaeth Ysgrifennu Drama Un Act. Denodd y gystadleuaeth hon ryw bedair drama ar bymtheg, gan gynnwys yn eu plith 'Ysgrifennydd Pwyllgor Gwaith y Cread', a 'Meini Gwagedd', fel dwy oedd yn rhagori ar y gweddill. Yn ôl y beirniad, D. Mathew Williams, roedd posibiliadau drama wych yn 'Ysgrifennydd Pwyllgor Gwaith y Cread', ond roedd y ddrama 'Meini Gwagedd', yn datblygu techneg newydd yng Nghymru, techneg na ellir ei chyflwyno ond trwy farddoniaeth. Thema'r ddrama oedd dirywiad bywyd cefn gwlad, a thrwy hynny gweld y Cymry yn colli eu hetifeddiaeth a'u breintiau geni. Un peth a boenai'r beirniad D. Mathew Williams yn anad dim oedd, ai drama neu Gân Ddramatig oedd 'Meini Gwagedd'? Mae'n dadlau ag ef ei hun am rinweddau'r ddwy grefft cyn cyrraedd y penderfyniad mai campwaith o ddrama oedd yr hyn roedd e newydd ei darllen.

Maes o law, down i ddeall bod yr un ddadl wedi peri amheuaeth i'r dramodydd hefyd gan iddo anfon copi o 'Meini Gwagedd', i gystadleuaeth y *Vers Libre*! Ni fu Saunders Lewis mor hael ei feirniadaeth, er iddo osod y gerdd yn y dosbarth cyntaf mewn cystadleuaeth oedd yn cynnwys pedair cerdd ar bymtheg. Dyma ychydig o sylwadau Saunders Lewis am gerdd J. Kitchener Davies:

> "Mae ynddi lawer o rinweddau a ddengys ddawn bardd yn fynych. Ond y mae hi yn rhy faith, yn llac, yn undonog ac afler. Mi gredaf y gellid gwneud cerdd dda ohoni o'i hail ysgrifennu a thaflu llawer allan ohoni a llafurio arni."

Bu Saunders Lewis fawr o dro yn newid ei farn serch hynny, yn enwedig wedi iddo ddarllen adolygiadau gan eraill am y gerdd ym mhapurau'r cyfnod. Cyfaddefodd y dramodydd ei fod wedi bod yn rhy frysiog yn ei gondemniad o'r gwaith. Diolch felly am ansicrwydd J. Kitchener Davies, ac am y ffaith iddo anfon copïau o'r gwaith i'r ddwy gystadleuaeth, neu pwy a ŵyr beth fyddai tynged 'Meini Gwagedd', petai ond wedi ei hanfon i gystadleuaeth y *Vers Libre*.

Os oedd y digwyddiad uchod yn un go ddramatig, yna fe fu bron i'r hyn a ddigwyddodd yn y gystadleuaeth 'Cerdd ar ddigwyddiad diweddar yn hanes ardal', droi'n sgandal llenyddol. Gwilym Myrddin oedd beirniad y gystadleuaeth a daeth un gerdd ar ddeg i law. Ar ôl rhoi sylw manwl i bob cerdd, penderfynodd y beirniad osod ymdrech 'Gwas y

Dolau' yn y safle cyntaf. Roedd thema'r gerdd yn ymwneud â hanes teulu o ddwrgwn, sef mam a thad a phedwar o blant a fagwyd yng ngheudod hen boncyn derwen wedi'i adael gan y llif ar draws afon Teifi. Teimlai Gwilym Myrddin fod 'Gwas y Dolau' wedi llwyddo i droi'r fath ddigwyddiad yn farddoniaeth fyw.

Cyd-ddigwyddiad oedd i'r beirniad dderbyn copi o nofel Saesneg yn union wedi iddo feirniadu'r gystadleuaeth. Teitl y nofel oedd *Tarka the Otter*, gan y nofelydd Henry Williamson. Sylweddolodd wrth bori trwy'r nofel mai hanes Tarka oedd rhan helaeth o'r gerdd roedd ef newydd ei gosod yn y safle cyntaf, ond bod dwrgwn 'Gwas y Dolau' wedi symud o Ddyfnaint i lannau'r Teifi! Yn sgil hyn, bu'n amhosib iddo wobrwyo 'Gwas y Dolau', ac arbedwyd y sefyllfa o gael y sgandal o lên-ladrad yn Eisteddfod Genedlaethol Cymru.

Noson o frethyn cartref oedd ar y fwydlen yn y neuadd i gloi nos Iau gyda pherfformiad o'r ddrama 'Wedi'r Drin', o waith John Ellis Williams gan Gwmni Drama Llandybïe. Cynhyrchydd y Cwmni oedd D. T. Rosser o Rydaman, a Mr Trefor James, Athro Celf, Ysgol Ramadeg y Gwendraeth, oedd Rheolwr y Llwyfan. Llywydd y noson oedd Mr D. L. Thomas, Cadeirydd y Pwyllgor Lleol.

WEDI'R DRIN

Cymeriadau:

Elen Hughes .... B. John
Mair Edwards .... M. E. Morgan
Mrs Albert Jenkins .... Lilian Griffiths
Harri Edwards .... Gwynfil Rees
Ned Evans .... Ieuan Morgan

Syr Huw Price . . . . Morgan Rhys Roberts
Edward Owen . . . . Tom Davies
Albert Jenkins . . . . Llew Roberts
Lilian Price . . . . Gwyneth Bevan

Lleolwyd y chwarae yn ystafell fyw cartref Elen Huws.

Nodir mewn nifer o fannau mai Drama Gomisiwn Eisteddfod Genedlaethol Llandybïe oedd 'Wedi'r Drin', ond dylid cydnabod mai dyma'r ddrama fuddugol yn Eisteddfod Genedlaethol Bangor, 1943. Mae'n debyg felly bod yna drefniant yn y cyfnod hwnnw o weld drama fuddugol y flwyddyn bresennol yn cael ei pherfformio ym mhrifwyl y flwyddyn olynol. Mae'n rhaid cyfeirio hefyd at y ffaith bod cymaint o alw wedi bod am gael gweld y perfformiad hwn fel y bu'n rhaid trefnu i'r Cwmni ei pherfformio am yr ail dro yn Neuadd Llandybïe ar yr 21ain o Hydref, 1944.

Soniwyd eisoes i Brifwyl Llandybïe gael ei galw yn 'Gŵyl y Gobaith', gan i bawb dybio mai dyma fyddai Eisteddfod olaf cyfnod y rhyfel. Nid syndod felly bod cymaint o'r beirdd a'r llenorion wedi dewis y thema "o baratoi ein hunain fel unigolion a chenedl ar gyfer dyddiau gwell" fel sail i'w cynnyrch. A dyna hefyd a wnaed gan John Ellis Williams yn y ddrama 'Wedi'r Drin', lle ceir sôn am newid byd wrth ddod allan o bum mlynedd blin y rhyfel i gyfnod newydd o heddwch. Yn ddiàu roedd y gwrthdaro a'r tyndra a bortreadwyd rhwng y cyfnodau gan y cymeriadau yn creu sefyllfaoedd y medrai'r gynulleidfa uniaethu â hwy gan greu naws agos rhwng gwyliwr ac actor.

Unwaith eto, mae'n rhaid nodi, yn wyneb y ffaith nad oes Rhaglen y Dydd wedi goroesi o'r Eisteddfod hon, ychydig yn unig a wyddom am ba gystadlaethau a gynhaliwyd ar ba ddiwrnod ar wahân i dameidiau o wybodaeth a geir o blith papurau newydd y cyfnod.

Ymhlith rhai o enillwyr dydd Iau a nodir yn y *Carmarthen Journal,* daeth Elwyn Evans, Royal Corps of Signals, Iraq, yn fuddugol ar y gerdd *Vers Libre*. Mab i'r Parch. William Evans (Wil Ifan), Pen-y-bont ar Ogwr, oedd y gŵr hwn. Yng nghystadleuaeth y Delyneg, daeth y Parch. E. Llwyd Williams, Rhydaman a Percy Hughes, Sir Fôn, yn gydradd gyntaf. Roedd yna nifer o enwau sydd yn gyfarwydd i ni heddiw hefyd ymhlith y buddugwyr. Gwnaeth Mrs M. Kitchener Davies hi'n ddwbwl i'r teulu trwy ennill ar yr ysgrif. Y Parch. Gomer M. Roberts, Llandybïe, aeth â'r wobr am yr Ysgrif ar y teitl 'Bywyd a Gwaith Dafydd Jones o Gaio', a Norah Isaac ifanc aeth â hi am gyfansoddi Meim. Ceir rhagor o fanylion yn Atodiad 'Yr Enillwyr'.

DYDD GWENER
A'R PENWYTHNOS OLAF

Cofnodwyd i dros bum mil a hanner o bobl fynychu'r Eisteddfod ar y dydd Gwener. Dyma oedd torf fwyaf yr wythnos. Yr atynfa wrth gwrs oedd y brif gystadleuaeth i Gorau Cymysg. Yn ogystal, penodwyd dau ŵr adnabyddus fel Llywyddion y Dydd, gyda'r Athro Henry Lewis, M.A., D.Litt, Prifysgol Abertawe, yn cymryd at y dasg yn y bore, a Mr Moelwyn Hughes, K.C., A.S., yn ei ddilyn yn y prynhawn.

Dadl dros ddyfodol yr iaith oedd prif thema anerchiad yr Athro Lewis yn y bore. Pwysleisiodd bwysigrwydd gosod yr iaith yn ganolog i unrhyw gynllun oedd yn ymwneud ag adferiad cenedl. Yn ôl ei ddamcaniaeth ef, camarweiniol oedd barn y nifer Cymry hynny oedd yn ystyried eu hunain yn Gymry, ond heb wneud yr un ymdrech i ddysgu nac i ddefnyddio'r Gymraeg. Ar achlysur mor deyrngarol ag Eisteddfod Genedlaethol does dim lle i gredu na chafodd y gosodiad hwn dderbyniad twymgalon.

Aelod Seneddol Sir Gaerfyrddin oedd Llywydd y prynhawn. Mae Alan Llwyd yn cofnodi yn *Y Gaer Fechan Olaf* i Mr Hughes sôn yn ei araith am y ddau beth, yn ei dyb ef, oedd eu hangen i godi Cymru ar ei thraed, sef, yn y lle cyntaf, ymdrech y bobl, ac yna gydnabyddiaeth deg oddi wrth y

Llywodraeth Brydeinig am eu hymdrechion! Ein dyletswydd ni fel cenedl oedd nid cymaint rhwystro ein diwydiannau rhag symud i Loegr, ond yn hytrach i greu sefyllfaoedd yma yng Nghymru fel na fyddai angen i'n gweithwyr adael y wlad. Ni ddylai Cymru fod mewn sefyllfa lle mae rheidrwydd arni i gardota briwsion o fyrddau Prydain Fawr. Yn hytrach dylai fynd ati i 'bobi bara' ar gyfer ei hanghenion ei hunan. Roedd yr aelodau seneddol Cymreig, eisoes wedi ennill cydnabyddiaeth i'w gwlad oddi wrth y Llywodraeth, a'r gobaith oedd cael Ysgrifennydd i Gymru yn y dyfodol agos.

Yn ddiau, efallai bod y ddau yn wladgarwyr, ond byddai dieithryn o glywed y fath areithio o lwyfan cyhoeddus yn tybio bod y ddau yn genedlaetholwyr mawr. Y gwir amdani yw y bu'n rhaid i Sir Gaerfyrddin, cartref yr Ŵyl yn 1944, aros dros ugain mlynedd arall cyn i'r 'briwsion' ddechrau troi'n 'fara'!

Gallwch uniaethu â chynnwrf y gynulleidfa'n cael ei boddi a gwladgarwch areithiau'r Llywyddion tra'n aros am brif gystadleuaeth y dydd, sef Cystadleuaeth y Corau Cymysg. Daeth saith côr i'r gystadleuaeth i ganu dau ddarn gosod yn ddigyfeiliant, sef 'Clychau Cantre'r Gwaelod', gan David Evans a 'Plygeingan', o waith W. Mathews Williams. Y corau a gystadlodd oedd, y *Towy Singers*, Côr Brynaman, Glynarthen, Kidwelly, Côr y Dyffryn, Wrecsam a Chôr y *Civil Defence*, Aberpennar, sef enillwyr yr un gystadleuaeth ddwywaith yn flaenorol.

Arbrawf diddorol na welwyd yn digwydd yn aml mewn unrhyw eisteddfod oedd mai'r ddau gyfansoddwr a ddewiswyd fel beirniaid i'r gystadleuaeth. Wrth draddodi'r feirniadaeth, dywedodd David Evans nad oedd ef na'i gyd-feirniad erioed wedi clywed perfformiad digyfeiliant tebyg i'r hyn a gafwyd gan y côr buddugol. Roedd hyn yn cynnwys perfformiadau mewn neuaddau mawrion ein gwlad gan gorau proffesiynol a hefyd ddatganiadau ar y Radio. Yr hyn a achosai i'r gamp fod yn rhyfeddach fyth oedd mai côr o dan gant o leisiau oedd wedi cyflawni'r orchest! Pwy oedd y côr buddugol? Neb llai na Chôr Aberpennar yn cipio'r tlws am y trydydd tro gyda chyfanswm diguro o 192 o farciau allan o 200. I ddangos rhagoriaeth y côr hynod hwn, deallwn mai 170 marc a gafodd Brynaman yn yr ail safle, a 167 marc oedd cyfanswm Côr Glynarthen a ddaeth yn drydydd.

Doedd yna ddim Cystadleuaeth Rhuban Glas i Unawdwyr fel y cyfryw yn y dyddiau hynny, ond mae'n debyg mai Nansi Ellis Bateman o Gaerdydd a gipiodd y teitl 'Prif Gantores yr Ŵyl'. Cafwyd diwrnod diddorol o gystadlaethau gan gynnwys Canu Corawl, Unawdau a Chystadlaethau Llenyddol.

Uchafbwynt arall i'r diwrnod oedd galw dirprwyaeth o Rosllannerchrugog i'r llwyfan, i gyhoeddi mai yn eu pentref hwy yn Sir Ddinbych y cynhelir Eisteddfod Genedlaethol 1945. Derbyniwyd y ddirprwyaeth â gorfoledd, a hir fu cymeradwyaeth y dorf. Da oedd deall bod bwriadau'r Rhos yr un mor uchelgeisiol a Llandybïe, gan fod Eisteddfod 1945 eto i'w chynnal dros gyfnod o bum niwrnod a bod nifer y cystadlaethau i gynyddu o ran rhif. Roedd hi'n amlwg felly bod y genedl yn paratoi am gyfnod o derfyn ar y rhyfel gan ddechrau cynllunio trefn ar eu bywyd newydd.

Yn cyd-redeg â chystadlu'r prynhawn, cynhaliwyd cyfarfod i drafod 'Cyfraniad Llenyddol T. Gwynn Jones', yng Ngosen, Capel y Methodistiaid ar Heol y Blaenau. Mr E.

Morgan Humphreys a'r Athro W. J. Griffith oedd y prif siaradwyr, ac yn ôl yr arfer yn yr Eisteddfod hon roedd yna lond capel o bobl yn bresennol.

Côr yr Eisteddfod oedd prif atynfa Cyngerdd nos Wener. Yr unawdwyr gwadd oedd Decima Morgan Lewis, Teifi Thomas, Trefor Brinley Jones a John Ambrose Lloyd. Rhoddwyd araith bwysig gan Lywydd y Noson, Y Canon W. H. Harries, Dirprwy Bennaeth Coleg Dewi Sant, Llanbedr Pont Steffan. Galwodd ar i'r holl genedl wneud mwy o ddefnydd o'r iaith Gymraeg. Nid digon oedd defnyddio'r iaith dros un diwrnod yn unig, nac hyd yn oed am wythnos ar ei hyd fel dros gyfnod y brifwyl. Yn ôl Canon Harries, yr unig ffordd i gadw iaith yn fyw oedd trwy ei defnyddio'n gyson bob dydd. Roedd diwrnod cyfyng-gyngor ein hiaith yn agosàu, ac "mai dyddiau blin wedi'r rhyfel fyddai yn penderfynu ei thynged hi!" Er bod ei araith bellach bron â chyrraedd ei phen-blwydd yn ddeng mlynedd a thrigain mlwydd oed, mae ei neges mor fyw heddiw ag y buodd hi erioed.

Daeth terfyn ar yr holl gystadlu, y dramâu a'r cyngherddau ar y nos Wener, ond cyndyn iawn oedd pobl Llandybïe i ollwng eu gafael ar y Brifwyl. Ar y Sadwrn, cynhaliwyd Cymanfa Ganu yn y neuadd gyda chyfarfodydd i ddechrau am hanner awr wedi deg y bore (Cyfarfod y Plant), ac yna am ddau y prynhawn a hanner awr wedi pump yr hwyr. Yr arweinydd gwadd oedd Mr Dan Jones o Bontypridd. Roedd y neuadd yn llawn dop ar gyfer pob cyfarfod a gwnaed y casgliad sylweddol o £48, i'w rhannu rhwng y ddau bapur lleol oedd yn gwasanaethu'r lluoedd arfog, sef *Cofion Cymru* a *Seren y Dwyrain*, papur a olygwyd gan

"A EI DI I LANDYBÏE?"

Flying Officer T. E. Griffiths o Landybïe. I leddfu siom y sawl a fethodd gael sedd i'r Gymanfa Fawr yn y neuadd, fe drefnodd y Pwyllgor Gymanfa Ganu arall i'w chynnal yng Nghapel Sïon i gyd-redeg ar yr un amser. Arweinydd Cymanfa Sïon oedd Mr J. Harries Thomas gyda Mrs Nellie Beynon-Naylor, Mr Harold Davies a Mr Glanfor Rees fel cyfeilyddion. Cymanfa leol ei naws oedd hon, a llywyddion y cyfarfodydd oedd y Parch. G. J. Watts, Salem, a'r Parch. W. J. Rees, Sïon.

Gwasanaeth y Sul, ar y trydydd ar ddeg o Awst, 1944, o Eglwys y Plwyf oedd y darllediad olaf o Eisteddfod Llandybïe. Trefnwyd y gwasanaeth ar gyfer y swyddogion a'r gweithwyr a fu wrthi'n ddyfal trwy'r wythnos yn sicrhau llwyddiant yr Ŵyl. Yn bresennol yn y gynulleidfa hefyd oedd yr ymwelwyr hynny a oedd yn ei gweld hi'n anodd i adael y pentref mor sydyn wedi'r cyfan a aeth yn ei flaen yn ystod yr wythnos.

Ficer y Plwyf, y Parch. D. T. Davies, oedd arweinydd y gwasanaeth a thraddodwyd y bregeth gan Esgob Llanelwy, y Parch. Ddr W. T. Havard. Mr D. L. Thomas, Cadeirydd y Pwyllgor Gwaith Lleol, gafodd y fraint o ddarllen rhan o'r Ysgrythurau a Mr J. Harris Davies oedd yr Organydd.

Yn glo ar y cyfan ar yr un noson, cynhaliwyd Cyngerdd Cysegredig gan Gôr yr Eisteddfod ynghyd â nifer o artistiaid lleol yn y Neuadd. Dyma oedd yr achlysur i Mr Morgan D. Morgan, Ysgrifennydd y Pwyllgor Gwaith Lleol, ganu clodydd ymdrechion pobl Llandybïe a'r Cylch. Daeth llwyddiant ysgubol i'r Brifwyl, meddai, oherwydd parodrwydd a chydweithrediad bro'r Eisteddfod. Diolchodd am eu parodrwydd i agor eu drysau a chynnig llety yn ystod dyddiau blin y rhyfel, a hefyd am fwydo cymaint o ddieithriaid a ymwelodd â'r fro o bell ac agos. Yn ogystal, talodd deyrnged gyhoeddus i'r Weinyddiaeth Fwyd ac i'r Weinyddiaeth Drafnidiaeth am eu cymorth, i'r Swyddfa Bost ac i'r sawl a fu'n gyfrifol am effeithlonrwydd y system sain. Yna'n olaf, diolchodd i'r Heddlu am gadw trefn dros yr Ŵyl. Diolchiadau digon hynaws, di-nod am gamp nag aed o'r cof, ond dyna ni, cyn-löwr hynaws ei natur oedd y gŵr mwyn hwn, a phentref hynaws ei gymeriad oedd wedi cynnal ein Prifwyl dros adeg mor flin.

Cyd-ddigwyddiad llwyr yn ystod y cyfnod o wneud ychydig o ymchwil ar gyfer y llyfr hwn oedd derbyn llythyr wrth Swyddfa'r Eisteddfod yn nodi bod yna ŵr o'r enw T. E. Griffiths o Gaernarfon wedi rhoi gwobr o £150 tuag at Eisteddfod Sir Gâr, 2014. Gwell fyth o safbwynt aelodau Pwyllgor Codi Arian y pentref ar gyfer yr achlysur hwnnw oedd y ffaith bod y swm hwn i'w glustnodi o dan gyfrif Llandybïe. Yn naturiol, dyma'r Trysorydd yn mynd ati i ysgrifennu gair o ddiolch i'r gŵr, a dyna'r adeg y gwnaethpwyd y darganfyddiad mai y T. Elwyn Griffiths hwnnw a anwyd yn Crown Stores, Llandybïe, a dreuliodd blynyddoedd y rhyfel yn y dwyrain canol oedd y gŵr. Hwn felly oedd Golygydd ifanc *Seren y Dwyrain*, sef y papur a roddodd gymaint o gysur i Gymry'r lluoedd arfog yn ystod blynyddoedd blin y rhyfel.

Yn anffodus, ni ddychwelodd i fyw yn Llandybïe wedi'i gyfnod yn y brifysgol. Yn hytrach, anfonwyd ef i ymladd dros ei wlad, a dyna'r adeg y serennodd fel newyddiadurwr a oedd yn benderfynol o gadw cysylltiad rhwng ei gyfoedion â'r henwlad. Dychwelodd wedi'r rhyfel i weithio fel Llyfrgellydd yn Sir Feirionnydd ac yna'n hwyrach fel Prif Lyfrgellydd Sir Gaernarfon, lle mae'n dal i fyw wedi ei ymddeoliad. Dyma'r gŵr a fu'n gyfrifol am sefydlu 'Undeb Cymru a'r Byd', ac erbyn hyn ef ydyw Llywydd Anrhydeddus y mudiad hwnnw. Cadwodd gysylltiad â'r Eisteddfod Genedlaethol trwy ei oes, a bu'n bresennol ymhob Prifwyl yn ddi-dor dros gyfnod o 61 o flynyddoedd, hyd nes i'w iechyd ei rwystro rhag cynnal yr arferiad. Ymfalchïa hyd at heddiw yn ei gysylltiad â Gŵyl Llandybïe, ac yn enwedig o gofio mai ei dad oedd ysgrifennydd Côr yr Ŵyl yn 1944.

TYNNU'R LLENNI

Yn cloi pen y mwdwl ar Brifwyl Llandybïe, 1944, mae'n rhaid sôn am ddigwyddiad trychinebus a darfodd ar yr holl lawenydd. Ar nos Fercher yr Ŵyl, bu ffawd yn angharedig iawn i ddau o'r ymwelwyr, sef Maer Abertawe a'i briod, wrth iddynt deithio adref o'r Eisteddfod. Ar sgwâr Cross Hands, rhyw bedair milltir o Landybïe, bu car swyddogol y Maer mewn gwrthdrawiad â bws *United Welsh*. Bu farw'r Maer yn yr ysbyty drannoeth a chafodd ei wraig anafiadau difrifol. Gwnaeth y digwyddiad echrydus hwn fwrw cwmwl tywyll dros y fro, ac nid camp hawdd oedd hi i Ysgrifennydd y Cyngor, Mr D. R. Hughes, orfod cyhoeddi'r newydd o lwyfan yr Eisteddfod ar y dydd Iau.

Wrth edrych yn ôl, fodd bynnag, a chymryd cyfle i werthuso Eisteddfod Genedlaethol Llandybïe 1944, sef union saithdeg o flynyddoedd yn ôl, tybed a oes sail i'w hystyried yn llwyddiant?

Yn naturiol, mae trigolion y plwyf hyd at heddiw yn credu bod yr Eisteddfod wedi bod yn llwyddiant mawr. Ymfalchïant yn y ffaith i ddirprwyaeth o dri fynd ati i herio'r sefydliad trwy ymestyn gwahoddiad i Brifwyl Cymru i'w pentref gwledig yn 1944. Teg yw ychwanegu o dan yr un anadl bod yr Eisteddfod Genedlaethol oherwydd anawsterau rhyfel yn ddigartref y flwyddyn honno, a'r peth diwethaf y byddai'r Cyngor am weld yn digwydd fyddai gohirio'r Ŵyl fel y gwnaed ym Mangor yn 1914! Mae gweddill y stori yn hen hanes, ond dyna oedd yr hedyn y ffrwythlonodd llwyddiant Llandybïe ohono! Ildiodd Cyngor yr Eisteddfod Genedlaethol i'w gais er gwaethaf protestiadau ambell aelod cyndyn, a chynhaliwyd y Genedlaethol yn ddigwestiwn yn y pentref bach hwn yng nghefn gwlad Cymru.

Bu'r cyfan yn ffrwyth llafur grŵp dygn o bobl gyda'r Cadeirydd Mr D. L. Thomas, yr Is-Gadeirydd Mr Alun Talfan Davies, yr Ysgrifennydd Mr Morgan Morgan ynghyd â'r Trysorydd, Mr Elfyn Talfan Davies yn benderfynol o sicrhau ei llwyddiant. Fel sydd wedi'i adrodd eisoes, gwahoddwyd pentrefi'r plwyf i gyd i ymuno gyda phobl Llandybïe i ffurfio Pwyllgor Gwaith Lleol, a maes o law rhannwyd y Pwyllgor Mawr yn bymtheg o Is-Bwyllgorau, yn cynnwys rhyw gant a hanner o aelodau o dan y gwahanol benawdau yr oedd eu hangen er mwyn cyflwyno eisteddfod lwyddiannus.

Gyda'r arbenigedd yn ei le, y cam pwysig arall a wnaed yn ystod Prifwyl Llandybïe oedd ffurfio cytundeb rhwng y Pwyllgor Gwaith Lleol a'r Cyngor Cenedlaethol i gydweithio ynglŷn â'r hawliau cynllunio. Roedd hyn yn dileu'r angen i osod yr holl drefniant yng ngofal y Cyngor, a gwelwyd bellach y Pwyllgor Lleol yn chwarae rhan bwysig yn y penderfyniadau, ac yn cael llais pendant wrth ddewis y gwahanol ddarnau a hefyd y cyfle i rannu'r elw neu'r golled ar ddiwedd y dydd.

Datblygodd dealltwriaeth a chydweithrediad agos rhwng y ddau gorff ac ymhlith y penderfyniadau cyntaf a wnaed oedd gwahodd yr Orsedd yn ôl fel rhan o'r Ŵyl am y tro cyntaf ers cychwyn y rhyfel. Yn ogystal, trefnwyd i gynnal

Arddangosfa Celf a Chrefft enfawr ac ymestyn yr Eisteddfod i bum niwrnod gan ei bod bellach wedi ei chwtogi i dridiau er 1939. Cynlluniwyd hefyd ar gyfer y nos Sadwrn cyn yr wythnos agoriadol trwy drefnu Cyngerdd Mawreddog yn y neuadd ac yna trwy gael Cymanfa Ganu i gloi'r cyfan ar ddydd Sadwrn wedi'r Ŵyl. Nod hyn oll, mae'n siŵr, oedd sicrhau cynnydd yn y nifer o ymwelwyr a hefyd mwy o gystadlaethau o fewn Rhaglen y Dydd. Y bwriad arall y tu ôl i'r cyfan oedd denu mwy o gystadleuwyr. Gellir nodi iddynt lwyddo yn hyn o beth wrth ddarllen llyfr *Eisteddfod Genedlaethol Llandybïe 1944 – Reflections of a Village Eisteddfod*, gan Mary Thomas, a Melba ac Arthur Morris. Yn ôl eu hamcangyfrifon hwy, dyma'r nifer o gystadleuwyr oedd yn bwriadu cystadlu yn y gwahanol gystadlaethau erbyn mis Mehefin, 1944:

Cyfansoddi Englyn – 20
Cystadleuaeth y Gadair – 17
Cystadleuaeth y Goron – 29
Yr Her Adroddiad – 50
Unawd Soprano – 27
Unawd Contralto – 10
Unawd Tenor – 38
Unawd Bas – 27
Corau Cymysg (Prif Gystadleuaeth Gorawl) – 8
Corau Merched – 6
Corau Dynion – 3
Corau Plant – 4.

Er bod nifer y cystadleuwyr yn dangos cynnydd mawr, dylid nodi bod y mwyafrif yn dod o'r De, sydd, wrth reswm, ar un olwg yn cadarnhau'r hyn a ragdybiwyd gan rai ond ar yr un pryd yn adlewyrchu amodau'r cyfnod a realiti rhyfel.

Bu cynllunio manwl a pharatoadau trwyadl ar bob agwedd o'r gwaith. Does ryfedd felly i bob neuadd, capel ac ysgol fod yn orlawn ar bob achlysur. Yn ôl yr hyn a gofnodwyd ar y pryd, mynychodd 25,000 o bobl yr Ŵyl yn ystod yr wythnos, gyda'r dorf fwyaf o 5,500 yn bresennol ar y dydd Gwener, diwrnod y brif gystadleuaeth gorawl.

Cyfanswm ariannol yr wythnos oedd £5,000, ac allan o'r swm hwn roedd £3,500 yn elw a gellid nodi bod y Pwyllgor Gwaith Lleol wedi penderfynu cyflwyno'r swm hwn o arian i Gyngor yr Eisteddfod i'w fuddsoddi ar gyfer gwobrau'r dyfodol.

Mae'n rhaid cyfaddef nad yw gwneud elw mawr a thorri record presenoldeb yn ddigon yn ei hunan i wneud Eisteddfod yn llwyddiant. Nodwedd bwysig na ddylid ei diystyru yw safon. Roedd buddugoliaeth Côr Aberpennar yn y Brif Gystadleuaeth Gorawl am y trydydd tro yn gamp ynddo'i hunan, yn enwedig yn wyneb y ganmoliaeth uchel a gawsant gan y ddau feirniad. Swynwyd y dorf hefyd gan soprano a chantores yr Ŵyl, Nancy Ellis Bateman, ac wrth gwrs mae 'Meini Gwagedd', Kitchener Davies yn glasur sydd yn un o berlau'r iaith Gymraeg.

Serch hyn i gyd, arwyddocâd pennaf Gŵyl Llandybïe oedd y cyngerdd a drefnwyd ar y nos Sadwrn cyn dechrau wythnos yr Eisteddfod. Cyfeirir ato bellach fel Cyngerdd y Cynghreiriaid gyda'r artistiaid i gyd yn dod o wledydd tramor. Y prif atyniad oedd côr o filwyr o Wlad Pwyl, gydag artistiaid enwog o Norwy, Ffrainc, Tsiecoslofacia a'r America yn eu cynorthwyo. Yn ôl Alan Llwyd, y cyngerdd hwn mewn gwirionedd, oedd y cam cyntaf tuag at sefydlu Eisteddfod Ryngwladol Llangollen yn 1947. Mae'r ffaith hon, ynddi'i hun, ynghyd â'r ffeithiau eraill sydd wedi'u crynhoi uchod, yn un sy'n golygu bod Eisteddfod Llandybïe yn un y mae cryn arwyddocâd yn perthyn iddi.

Trwy'r ymddiriedaeth a ddangosodd y plwyf cyfan mewn tri gŵr a fu mor fentrus â gwahodd yr Ŵyl i bentref bach cefn gwlad yn ystod holl derfysg yr Ail Ryfel Byd, ynghyd â phenderfyniad y trigolion yn eu parodrwydd i ymdrechu hyd at eithaf eu gallu i wneud y fath fenter yn un llwyddiannus, mae'r gwaddol yn hynod werthfawr. Mae'n dra annhebygol y byddai'r brifwyl yn ymweld eto â phentref fel Llandybïe. Serch hyn, mae'r cof amdani yn dal i wreichioni ymhlith nifer o drigolion y pentref o hyd, a mawr obeithir y gall y gyfrol hon danio diddordeb llawer ehangach yn Eisteddfod Genedlaethol Llandybïe, 1944.

"A EI DI I LANDYBÏE?"

Y Neuadd Goffa, fel y mae'r adeilad heddiw.

TYNNU'R LLENNI

Y Swyddfa Docynnau, parlwr cartref Mr a Mrs Jim Jones, 'Argoed', Heol y Goedlan.

Lle aeth y BBC 'Recreation View', Heol y Goedlan?

Yr Orsedd yn ei safle newydd. Symudwyd y meini hanesyddol yn ddiweddar lawr i Barc y Pentre, er mwyn gwneud lle i godi stâd o dai!

Atodiad 1

Y DAITH I LANDYBÏE

(Taith Eisteddfod Genedlaethol Cymru o'r cychwyn hyd at 1944)

1861	Aberdâr
1862	Caernarfon
1863	Abertawe
1864	Llandudno
1865	Aberystwyth
1866	Caer
1867	Caerfyrddin
1868	Rhuthun
	(Yna, cafwyd saib tan 1880)
1880	Caernarfon
1881	Merthyr Tudful
1882	Dinbych
1883	Caerdydd
1884	Lerpwl
1885	Aberdâr
1886	Caernarfon
1887	Llundain
1888	Wrecsam
1889	Aberhonddu
1890	Bangor
1891	Abertawe
1892	Rhyl
1893	Pontypridd
1894	Caernarfon
1895	Llanelli
1896	Llandudno
1897	Casnewydd
1898	Ffestiniog
1899	Caerdydd
1900	Lerpwl
1901	Merthyr
1902	Bangor
1903	Llanelli
1904	Rhyl
1905	Aberpennar
1906	Caernarfon
1907	Abertawe
1908	Llangollen
1909	Llundain
1910	Colwyn Bay
1911	Caerfyrddin
1912	Wrecsam
1913	Y Fenni
1914	(Gohirio oherwydd y rhyfel)

1915	Bangor	1930	Llanelli
1916	Aberystwyth	1931	Bangor
1917	Penbedw (Eisteddfod y Gadair Ddu)	1932	Aberafan
		1933	Wrecsam
1918	Castell-nedd	1934	Castell-nedd
1919	Corwen	1935	Caernarfon
1920	Y Bari	1936	Abergwaun
1921	Caernarfon	1937	Machynlleth
1922	Rhydaman	1938	Caerdydd
1923	Yr Wyddgrug	1939	Dinbych
1924	Pont-y-pŵl	1940	Aberpennar (Eisteddfod y Cyfryngau). Bangor
1925	Pwllheli		
1926	Abertawe	1941	Hen Golwyn
1927	Caergybi	1942	Aberteifi
1928	Treorci	1943	Bangor
1929	Lerpwl	1944	Llandybïe

Atodiad 2

AMSER "AWYR" EISTEDDFOD GENEDLAETHOL LLANDYBÏE, 1944

(Nodwyd yr isod yn drefnus yn y papur wythnosol lleol yn ystod mis Awst 1944)

EISTEDDFOD WEEK
Programmes from Wales

SUNDAY, AUGUST 6TH
11.45-12.30 p.m.
Religious Service in Welsh from Memorial Hall, Llandybïe, under the auspices of Gosen Methodist Church, Llandybïe. Address by the Rev. Robert Beynon, Abercrave.
5.00-5.05 p.m.
News.
5.05-5.20 p.m.
Vesper Service from Memorial Hall, Llandybïe. The Rev. Nantlais Williams and the West Wales Singers will take part in the service.

MONDAY, AUGUST 7TH
10.30-11.00 a.m.
Park and Dare Workmen's Silver Band; Conductor, W. Haydn Bebb.
5.00-5.05 p.m.
News.
5.05-5.20 p.m.
National Eisteddfod of Wales, 1944. A visit to the New Wales Exhibition. Also Eisteddfod News of the Day.

ATODIAD 2

Tuesday, August 8th

10.30-11.00 a.m.
> *Opening Ceremony at Llandybïe. Addresses by the Archdruid of Wales, James Griffiths M.P. and others. Short choral programme by the Eisteddfod Choir (Conductor: Gwilym R. Jones). Penillion singing by Gwyndaf (from the Memorial Hall).*

5.00-5.05 p.m.
> *News.*

5.05-5.10 p.m.
> *News from the Eisteddfod.*

5.10-5.30 p.m.
> *Children's Hour. Who won? Some of the winners in the children's competition at the National Eisteddfod.*

Wednesday, August 9th

5.00-5.05 p.m.
> *News.*

5.05-5.20 p.m.
> *News from the Eisteddfod.*
> *An account of the Crowning Ceremony, and an excerpt from the adjudication. Some voices of the winners of the day.*

Thursday, August 10th

1.40-2.00 p.m.
> *In Britain Today. Topical Magazine Programme from the National Eisteddfod of Wales.*

3.00 p.m.
> *The Chairing of the Bard: Adjudication by Professor T. H. Parry Williams. Reception of delegates of the United Nations to the Festival.*

5.00-5.05 p.m.
> *News.*

5.05-5.20 p.m.
> *From the Eisteddfod Field. A quarter of an hour in the company of some interesting people that came to the Festival this year, and the latest news.*

Friday, August 11th
5.00-5.05 p.m.
News.
5.05-5.20 p.m.
News from the Eisteddfod. An account of the Chief Choral Competition, and an excerpt from the adjudication. The views of some of today's winners.

Saturday, August 12th
11.00-11.30 a.m.
Half an hour from the Children's Singing Festival, conducted by Dan Jones, from the Memorial Hall Llandybïe.
5.00-5.05 p.m.
News.
5.05-6.00 p.m.
Selection from the 1944 Eisteddfod. A backward glance at the week's meeting followed by Children's Hour.

Atodiad 3

RHESTR O ENILLWYR YR WYTHNOS

(Does dim sicrwydd bod y rhestr isod yn hollol gywir, ond dyma'r cyfan sydd yn dal i fod ar gael a chadw)

Cystadlaethau Achlysurol
  Cystadleuaeth Plethu Rhaff (Gwobr Cwpan Eliot):
    Pwll Glo y Steer, Gwauncaegurwen – 126 pwynt
  (Daeth bechgyn y pwll glo lleol, Pencae'r Eithin, yn gydradd trydydd ar 93 o bwyntiau).

  Cystadleuaeth Gwaith Coed:
    T. Rowlands, Carway – 135 pwynt

Bandiau Pres
  1. Band Pres Park and Dare.
  2. Band Tref Ystalyfera.
  3. Band Pres Gwauncaegurwen.

Cystadlaethau i Blant o dan 16 oed
  Solo Ffidil – Betty Evans, Pontardawe.
  Deuawd, Canu Penillion – Rhannu'r wobr rhwng Jean a Joan Williams, Y Borth a Janet Owen, Pontarddulais a Margaret Jermyn, Casllwchwr.
  Unawd Piano – Hilda Barret, Caerdydd.
  Unawd i Fechgyn – Cellan Jones, Pontardawe.
  Unawd i Ferched – Pat Morgan, Gorslas.

Côr Cyd Adrodd – Parti Rhondda Ganol.
Cân Actol – Parti Ysgol Gwauncaegurwen.
Perfformiad Dramatig i Ddau – Ailwen Phillips
    ac Eluned Rees, Pontardawe.
Adrodd Unigol – Eiryth Davies, Trelech.

Côr Ieuenctid:
1. Côr Ieuenctid Rhondda Ganol   183 marc
2. Côr Snowflakes, Caerdydd   180 marc
3. Côr Ieuenctid Trimsaran   168 marc
   Côr Ieuenctid Glanaman   168 marc

CYSTADLAETHAU ADRODD:
Adrodd dan 21 oed – Gwyneth Griffiths, Carmel, Caernarfon.
Adrodd dros 21 oed – L. M. Lewis, Blaenau Ffestiniog.
Côr Adrodd dros 21 oed – Caernarfon.

CYSTADLAETHAU CERDDOROL:
Cystadleuaeth Soddgrwth a Phiano – L. A. C. David
    ac W. Ellis, Dafen, Llanelli.
Deuawd Ffidil a Phiano – Dewi Owen, Rhiwfawr
    a Phoebe James White, Abertawe.
Canu Penillion i gyfeiliant Telyn – Elizabeth Rowlands,
    Y Bala.
Pedwarawd Offerynnol – W. S. Parry, Merthyr.
Unawd i Gyfeiliant Telyn – Owen Thomas Morris,
    Dyffryn Ardudwy.
Unawd Piano dan 21 oed – Beryl Edwards, Llanelli.
Libreto ar unrhyw Chwedl Gymraeg – Neb yn deilwng.
Unawd Soprano – Nancy Ellis Bateman, Caerdydd.
Unawd Contralto – Madam Netta Griffiths, Llanelli.
Unawd Tenor – Jessie Harry, Castellnedd.
Unawd Bariton neu Gontralto – Mrs Edwina Evans,
    Bodfari, Dinbych.

Unawd Tenor neu Soprano – Mona Williams, Llanfaircaereinion.
Unawd Bas neu Fariton – John Allen Jenkins, Cwmgors.
Unawdydd yr Ŵyl – Nancy Bateman Ellis, Caerdydd.

Prif Gystadleuaeth Gorawl – Corau Cymysg:
Côr Aberpennar   192 marc
Côr Brynaman   170 marc
Côr Glynarthen   167 marc

Cystadleuaeth Corau Merched:
Penarth   180 marc
Llandeilo   171 marc
Gwendraeth   169 marc

Cystadleuaeth Corau Meibion:
Côr y Mond   161 marc
Pontyberem   150 marc
Cefneithin   (Does neb yn sicr beth oedd cyfanswm marciau'r côr hwn).

CYSTADLAETHAU LLENYDDOL:

Cystadleuaeth y Gadair. Awdl: "Ofn."
Beirniaid – Simon B. Jones, Tom Parry a T. H. Parry Williams.
BUDDUGOL: D. LLOYD JENKINS, TREGARON, CEREDIGION.

Cystadleuaeth y Goron. Pryddest: "Yr Aradr."
Beirniaid – Dewi Emrys, Dyfnallt a Waldo Williams.
BUDDUGOL: J. M. EDWARDS, Y BARRI, MORGANNWG.

Englyn. "Y Neidr." Beirniad – W. Roger Hughes.
BUDDUGOL: E. O. JONES, PENTRE BERW, MÔN.

Telyneg. "Y Seren Ddydd." Beirniad – Crwys.
BUDDUGOL: CYDRADD – E. LLWYD WILLIAMS, RHYDAMAN A PERCY HUGHES, WILLESDEN, LLUNDAIN.

Soned. "Carcharorion." Beirniad – Iorwerth C. Peate.
BUDDUGOL: O. M. LLOYD, MYNYDD-BACH, ABERTAWE.

Hir-a-thoddaid. "Y Gwersyll." Beirniad – William Morris.
BUDDUGOL: EVAN JENKINS, FFAIR RHOS, CEREDIGION.

Dychangerdd. "Tan y Cownter."
Beirniad – John Ellis Williams.
BUDDUGOL: CYDRADD – T. ELFYN JONES, LLANBOIDY, CAERFYRDDIN, A RICHARD HUGHES, GLAN CONWY.

Detholiad o Delynegion. Beirniad – W. J. Gruffydd.
BUDDUGOL: CYDRADD – JOHN H. THOMAS, PWLLHELI A W. H. ERYDDON ROBERTS, MANCEINION.

Cywydd Moliant. "Y Crefftwyr." Beirniad – B. T. Hopkins.
BUDDUGOL: RICHARD HUGHES, GLAN CONWY.

Cerdd ar ddigwyddiad diweddar yn hanes ardal.
Beirniad – Gwilym Myrddin.
NEB YN DEILWNG.

Cerdd Vers Libre. Beirniad – Saunders Lewis.
BUDDUGOL: ELWYN EVANS, ROYAL CORPS OF SIGNALS, IRAQ.

Traethawd. "Bywyd a Gwaith Dr Lewis Edwards."
Beirniaid – David Phillips a J. Morgan Jones.
BUDDUGOL: T. LLOYD EVANS, PEN-Y-GROES, ARFON.

Traethawd. "Bro Morganwg." Beirniad – G. J. Williams.
NEB YN DEILWNG.

Traethawd Beirniadol. "Dyfed" neu "Eifion Wyn."
Beirniaid – T. H. Parry Williams ac E. Prosser Rhys.
BUDDUGOL: WILLIAM JONES, TRE-LECH, LLANFYRNACH.

Traethawd. "Bywyd a Gwaith Dafydd Jones o Gaeo."
Beirniad – Stephen J. Williams.
BUDDUGOL: GOMER M. ROBERTS, PONTRHYD-Y-FEN, MORGANNWG.

ATODIAD 3

Rhagymadrodd ynghyd â detholiad o weithiau barddonol Watcyn Wyn. Beirniad – Dyfnallt.
BUDDUGOL: "BANNAU GLEISION."
(Ni cheir enw yn y Cyfansoddiadau).

Traethawd. "Braslun o hanes Cystadlaethau Corawl yr Eisteddfod Genedlaethol, 1880- 1939."
Beirniad – Gwilym Williams.
BUDDUGOL: D. H. LEWIS, LLANELLI.

Cynllun Addysg ar gyfer Plant Cymru.
Beirniaid – D. O. Roberts a Gwenan Jones.
BUDDUGOL: D. J. WILLIAMS, LLANBEDR. MEIRIONNYDD.

Traethawd. "Adloniant Cefn Gwlad – Ddoe, Heddiw ac Yfory." Beirniaid – Michael Parry a Dai Williams.
BUDDUGOL: HUGH JONES, CWMAFAN, MORGANNWG.

Cystadleuaeth i ddosbarth W.E.A. "Casgliad o weithiau yr efrydwyr ar ffurf un rhifyn o gylchgrawn."
Beirniad – David Thomas.
BUDDUGOL: DOSBARTH TREFOR, SIR GAERNARFON.

Ysgrif. "Bore Llun," neu "Yn Llewys ei grys," neu "Tros Glawdd yr Ardd." Beirniad – J. O. Williams.
BUDDUGOL: MRS M. J. KITCHENER DAVIES, TREALAW, RHONDDA.

Stori fer heb fod mewn cystadleuaeth o'r blaen.
Beirniad – T. Hughes Jones.
BUDDUGOL: ISLWYN WILLIAMS, YSTALYFERA, MORGANNWG.

Nofel heb fod mewn cystadleuaeth o'r blaen.
Beirniaid – Gwilym R. Jones ac E. Tegla Davies.
NEB YN DEILWNG.

Sgwrs fer ar englyn. Beirniad – W. D. Williams.
BUDDUGOL: RICHARD HUGHES, GLAN CONWY.

Cyfansoddi Tair Araith. Beirniad – D. J. Williams.
NEB YN DEILWNG.

Geirfa Gymraeg. Beirniad – D. T. Davies.
BUDDUGOL: GEORGE DAVIES, TREORCI, RHONDDA.

Drama Hir. Beirniad – D. T. Davies.
BUDDUGOL: W. VAUGHAN JONES, Y WAUN FAWR, ARFON.

Drama Un Act. Beirniad – D. Mathew Williams.
BUDDUGOL: J. KITCHENER DAVIES, TREALAW, RHONDDA.

Actio Drama Un Act. Beirniad – Cynan.
(Does dim cofnod yn unlle yn nodi enw'r Cwmni buddugol).

Cyfansoddi Meim. Beirniad – J. D. Powell.
BUDDUGOL: MISS NORAH ISAAC, ABERYSTWYTH.

Darllediad i Blant Ysgol.
Beirniaid – D. W. Roberts a D. Haydn Davies.
BUDDUGOL: GWILYM E. THOMAS, TREFFYNNON,
SIR Y FFLINT.

Darn i Soddgrwth a Phiano. Beirniad – J. Morgan Lloyd.
BUDDUGOL: D. W. ELIAS, DAFEN, LLANELLI.

Pedwarawd Llinynnol. Beirniad – J. Morgan Lloyd.
BUDDUGOL: WILLIAM PARRY, CEFN COED, MERTHYR TYDFIL.

TESTUNAU ARBENNIG
CYNGOR YR EISTEDDFOD

Llawlyfr yr Eisteddfod Genedlaethol. Beirniad – Tom Parry.
BUDDUGOL: LLEW OWAIN, CAERNARFON.

Gwobr Goffa Pedr Hir. "Elis y Cowper." Beirniad – Tom Parry.
BUDDUGOL: DANIEL WILLIAMS, YR WYDDGRUG.

Traethawd. "Ymfudiadau o Gymru i'r Unol Daleithiau rhwng 1760 ac 1860." Beirniaid – R. T. Jenkins a David Williams.
BUDDUGOL: BOB OWEN, CROESOR, MEIRIONNYDD.

Traethawd. "Mudiad Cymru Fydd o 1880 hyd 1900." Beirniad – R. Hopkin Morris.
NEB YN DEILWNG.

Gwobr Goffa Ieuan o Leyn. "Libretto." Beirniaid – I. D. Hooson ac Idris Lewis.
NEB YN DEILWNG.

CYDNABYDDIAETH

Adran Archifau Cyngor Sir Caerfyrddin.
Archifau Llyfrgell Tref Caerfyrddin – Ôl-Rifynnau 1944 o'r *Carmarthen Journal.*
Archifau Llyfrgell Tref Llanelli – Ôl-Rifynnau 1944 o'r *Llanelli Mercury.*
Archifau Llyfrgell Tref Rhydaman – Ôl-Rifynnau 1944 o'r *Amman Valley Chronicle.*
Archif Neuadd Llandybïe: Eisteddfod Genedlaethol Llandybïe.
Arwr Glew Erwau'r Glo, Hywel Teifi Edwards. Gwasg Gomer, Llandysul, 1994.
Bro a Bywyd Gwynfor Evans, Peter Hughes Griffiths, gol. Cyhoeddiadau Barddas, Gwasg Dinefwr, Llandybïe, 2008.
Blynyddoedd y Locustiaid, Cyfres yr Eisteddfod Genedlaethol, 1914-1936, Alan Llwyd. Cyhoeddiadau Barddas, Gwasg Dinefwr, Llandybïe, 2007.
Cwm Aman, Hywel Teifi Edwards, gol. Gwasg Gomer, Llandysul, 1996.
Cyfansoddiadau a Beirniadaethau Eisteddfod Genedlaethol 1944. Cyngor yr Eisteddfod Genedlaethol, Hugh Evans a'i Feibion cyf., Lerpwl, 1944.
Days of Old, Llandybïe Notes and Memories, Bryn Thomas. V. B. Lodwick, Caerfyrddin, 1975.
Eisteddfodau Geoff Charles, Ioan Roberts. Y Lolfa, Talybont, Ceredigion, 2007.
Geiriau Gwynfor, Peter Hughes Griffiths. Y Lolfa, Talybont, Ceredigion, 2006.
Gŵyl Gwalia, Yr Eisteddfod Genedlaethol yn Oes Aur Victoria, 1858-1868, Hywel Teifi Edwards. Gwasg Gomer, Llandysul, 1980.

Llandybïe from Ancient to Modern, Marion Evans. Gwasg Dinefwr, Llandybïe. 2012.

Llandybïe, 1940-1990. Llandybïe Village Community Project, Gwasg Dinefwr, Llandybïe, 1990.

Llyfr y Ganrif. Llyfrgell Genedlaethol Cymru. Y Lolfa, Talybont, Ceredigion, 1999.

Prifysgol y Werin, Hanes Eisteddfod Genedlaethol Cymru 1909-1918, Alan Llwyd. Cyhoeddiadau Barddas, Gwasg Dinefwr, Llandybïe, 2008.

Private Faces: The Autobiography, Siân Phillips. Hodder and Stoughton, London, 1999.

Rhaglen Cyngerdd y Cynghreiriaid. Eisteddfod Genedlaethol Llandybïe, 1944. Gwasg Gomer, Llandysul, Ceredigion.

Rhestr Testunau Eisteddfod Genedlaethol Llandybie 1944. Cyngor yr Eisteddfod Genedlaethol.

The Llandybïe Times. Rhifyn 1, Ionawr, 1944.

Yr Eisteddfod a Bywyd Bro, T. H. Lewis a Gomer M. Roberts. Pwyllgor Cyhoeddusrwydd Eisteddfod Genedlaethol Llandybïe, Hugh Evans a'i Feibion Cyf., Gwasg y Brython, Lerpwl, 1944.

Yr Eisteddfod (Cyfrol Dathlu Wyth Ganmlwyddiant yr Eisteddfod, 1176-1976), Hywel Teifi Edwards. Llys yr Eisteddfod Genedlaethol, Gwasg Gomer, Llandysul, 1976.

Y Gaer Fechan Olaf (Hanes Eisteddfod Genedlaethol Cymru, 1937-1950), Alan Llwyd. Cyhoeddiadau Barddas, Gwasg Dinefwr, Llandybïe, 2006.

Yr Ŵyl Fawr yn Nyffryn Conwy, D. M. Roberts. Cyngor Sir Gwynedd, Gwasanaeth Llyfrgell, 1989.

1944, Reflections of a Village National, Mary Thomas, Melba and Arthur Morris. Dinefwr Press, Rawlings Road, Llandybïe, 2006.

'Y Rhyngrwyd' – The 1944 Llandybïe Eisteddfod, Newsquest Wales – *http://www.communigate.co.uk/wales/testuntybie*. Erthyglau o'r papurau lleol.

DIOLCHIADAU

Dymuna'r awdur ddiolch i'r canlynol am eu caniatâd i ddefnyddio'r lluniau sydd wedi eu cynnwys yn y llyfr:

Archif Neuadd y Pentref, Heol y Goedlan, Llandybïe.
Archif Gwasg Dinefwr, Heol Rawlings, Llandybïe.
Archifau Cymru, Hen Ysgol Ramadeg y Bechgyn, Caerfyrddin.
Teulu Miss Betty Pughe, Heol Llandeilo, Llandybïe.
Mrs Nansi Davies, Heol Rhydaman, Llandybïe.
Mrs Marion Evans, Heol Pentregwenlais, Llandybïe.
Mrs Nesta Price, Heol y Goedlan, Llandybïe.
Mr a Mrs C. Evans, Heol y Goedlan, Llandybïe.
Y Parch. a Mrs C. Williams, Parc Pencae, Llandybïe.
Rhyngrwyd y Fro.
Gwasg Gomer, Llandysul.

Diolch yn arbennig i'r ffotograffydd lleol, John B. R. Davies, am drwsio ac addasu nifer o'r hen luniau ar gyfer y llyfr, a hefyd am ei ganiatâd parod i wneud defnydd o'i luniau cyfoes.